HAGASE

TU

VOLUNTAD

CUANDO CREERLE A DIOS CUESTA

Michael A. Santiago

DEDICATORIA

Ella ha conocido el sabor amargo de cada lagrima derramada a lo largo de nuestros procesos. Ha permanecido a mi ladoon todo el deseo de hacer lo que Dios dijo. Como matrimonio y ministerio hemos sido sacudidos con violencia y ella, en vez de huir al escuchar lo que nos tenía Dios por delante, decidió quedarse y hacer la Voluntad de Aquél que nos llamó.

Gracias por cada segundo invertido en nuestro matrimonio y ministerio. No se dónde estuviera si no te tuviera a ti conmigo.

¡Te Amo Gene!

CONTENIDO

AGRADECIMIENTOS

He sido bendecido con una esposa y familia que me aman; unos amigos que me apoyan y unos pastores que me cuidan. Gracias por invertir de su tiempo valioso en mi vida y ministerio.

HAGASE TU VOLUNTAD

PROLOGO
PANELISTAS DE PUNTO DE VISTA

-PODCAST LEGADO

-Evg. Juan Laracuente

Michael Santiago es de estas personas que sabes que tiene que estar en tu vida. Son de esta clase de individuos que están muy claros y enfocados en la asignación que Dios tiene para con ellos, no importa el obstáculo que se les ponga enfrente sea físico, sea personal, sea económico no importa cual sea no lo detienen en hacer la voluntad de Dios en su vida. Puedo decir que la vida de Michael me ha ayudado demasiado en mi asignación. Doy gracias a Dios por su vida y por el privilegio de poder llamarlo amigo.

Leer las líneas de su nueva literatura es como poder ver derramado el corazón de Michael convertido en tinta. Cada párrafo, cada hoja y cada capítulo es como entrar en las fibras mas profundas de su corazón y saber que dentro de todo, ama a Dios sobre todas las cosas.

Hágase Tu Voluntad es un libro que te bendecirá y te hará entender cuanto duele hacer la voluntad de Dios, pero cuan gratificante es hacerla. Te hará entender que no hay nada mejor en la vida que hacer la voluntad de Dios. Te invito a que lo leas con un corazón abierto a salir totalmente confrontado por, la voluntad de Dios.

-Evg. José Luis Torres

Todos necesitamos ser afirmados en la absoluta verdad de que la voluntad de Dios nos conviene. Incomprensiblemente, aún cuando ésta me duele, me consuela. Aún restándome, me suma. En su voluntad se encierran misterios eternos que nos preceden. Todos la hemos cuestionado, y hasta en ocasiones la espalda le hemos dado, por no comprender lo que ella dispone para nuestras vidas. Sin embargo, en un estado de madurez nuestra actitud frente a ella es, "NO TE ENTIENDO, PERO TAMPOCO TE CUESTIONO".

"Hágase tu voluntad" son mas que palabras, es la actitud correcta que presentó un Abraham ante el pedido de Dios mas cuestionado en las escrituras, cosa que lo convirtió en el padre de la fe. Fue la actitud de Jesús hablando con El Padre en el Getsemaní. Cuando en su humanidad le abrazó el temor, sus palabras fueron, "Si es posible pasa de mi esta copa, pero hágase tu voluntad". En el momento en que Jesús acepta la voluntad del Padre, Él dio el paso al punto del no retorno. En la cruz Jesús sacrifica el cuerpo, pero en el Getsemaní sacrificó su voluntad para que fuese la del Padre. Y si no hay muerte en el Getsemaní, no hay muerte en el Gólgota, y por ende no se efectúa el magistral plan de la redención.

"Hágase Tu Voluntad" no fue escrito con el fin de responder a todas tus preguntas. Fue escrito para equiparte en espíritu, alma y cuerpo, para que en tu Getsemaní puedas sacrificar tu voluntad y alinearte a la del Padre. Desde su extraordinaria introducción, y capitulo tras capitulo, tu fe será nutrida, no para entender, sino para obedecer sin cuestionar su voluntad. Anclados en la verdad que expresaba el apóstol Pablo a la Iglesia en Roma, "Su voluntad es buena, agradable y perfecta".

HAGASE TU VOLUNTAD

INTRODUCCION
"Hacer tu voluntad, Dios mío, me ha agradado"

-Salmo 40:8

Desespera, inquieta, impacienta y turba en ocasiones... Ella te romperá el corazón, derrumbará tus sueños, aplastará tu ego y acabará con tus deseos de hacer aquello que tú mismo te habías propuesto hacer. Es amarga, pero dulce al paladar. Es chocante, pero consoladora al abrazar. Es dura al recibir, pero blanda al percibir. Ella tiene la capacidad de hacer esto y mucho más en el corazón de aquel que la escucha y decide creerle. Unos la evitan mientras que otros la buscan. Unos le huyen mientras que otros la persiguen. Unos la niegan, pero otros la aceptan. No te hablo de alguien, te hablo de algo. Ella, es el sueño de Dios manifestado al corazón del hombre. Es Su deseo más profundo revelado al corazón de aquellos que intiman con Dios... Ella es la Voluntad de Dios.

A unos se les reveló en sueños, mientras que otros en visiones. Unos la escucharon, mientras que otros la vieron. Unos la sintieron en sus momentos de alegría, pero

7

otros la conocieron en el dolor. Para todo el que la recibió fue la mejor oportunidad para conocer a Dios.

Para unos la Voluntad de Dios se les es revelada en una vida en constante persecución para conocer al Dios de la cobertura y protección. A otros, la voluntad de Dios se les manifiesta luego de conocer las enfermedades más atroces en carne viva para que se les revele el Sanador cara a cara. Algunos la conocen en el vientre de un pez mientras que otros dentro de un horno de fuego. Unos la conocen dentro de una cisterna mientras que otros en un desierto cuarenta años. Algunos la conocen en su niñez dentro del templo mientras que otros a sus cien años de edad. Sea cuando sea o como sea, ella ha recibido la autorización de revelarse a nuestras vidas y mostrarnos el *"Así dice el Señor"* para nuestras próximas temporadas.

Todo aquel que decide tomarla para sí y seguirla, conocen la recompensa del Dios que está en absolutamente todas las facetas de sus vidas. Ellos logran conocerlo como Sanador, Libertador, Proveedor, Padre, Amigo, Hijo, Hermano, Consejero, Oveja y León.

¿Aceptarla es fácil? De ninguna manera. ¿Creerla es sencillo? Negativo. Pero quien la recibe, también adquiere con ella la garantía de la fidelidad absoluta de Dios.

El salmista la presenta en el Salmo 40:8 utilizando la palabra hebrea *"ratson, ratson"*. Ella se repite dos veces en sí misma. Literalmente significa: *"delicia, placer, aceptable, agrado y favor"*. Ella da a entender que la voluntad de Dios es doblemente deliciosa; doblemente agradable; doblemente aceptable; doblemente placentera y doblemente favorable. Sí lo se, parece que me repito, pero ella misma desea que tengas el doble de la confianza y seguridad. Por si lo dudabas alguna vez, te lo revelan y repiten una y otra vez. Al escucharla entendemos que a pesar de que todo nuestro mundo se pueda derrumbar hay una doble garantía que tendremos agrado en aquello que Dios nos habló y reveló.

Con toda razón el apóstol Pablo menciona incluso de tres maneras. La eleva a un tercer nivel. Pablo la expresa de la siguiente forma: *"Buena, Agradable y Perfecta."* Es tal la confianza que tiene este hombre de ella que no duda ni por un segundo en aquello que se le reveló cuando su vida en una dirección incorrecta. No lo dice uno que no ha sido procesado, al contrario, uno que conoce de el sabor amargo de ella.

Nos lo dice uno que fue: *"Apedreado tres veces con varas; una vez apedreado; tres veces naufragó, una noche y un día naufragó en alta mar; en peligros de ríos, peligros de ladrones, peligros de los de mi nación, peligros de los gentiles, peligros en la ciudad, peligros en el desierto, peligros en el mar, peligros entre falsos hermanos; en trabajo y fatiga, en muchos desvelos, en hambre y sed, en muchos ayunos, en frío y en desnudez; y además de otras cosas..."*. Su lista es evidencia de que la voluntad de Dios es dolorosa, pero también es la garantía del cuidado de Dios en cualquier escenario.

Ahora bien, considerando la palabra griega que Pablo utiliza para expresar la *"Voluntad"*, menciona el verbo *"thelema"* que en su estado original significa "*determinación*". Entienda bien que "*La Voluntad de Dios*" es precisamente aquello que desde la eternidad Él mismo determinó para con nosotros. Es el plan establecido por Él para bendecirnos y llevarnos al cumplimiento de Su sueño para nosotros. Usted de pronto lee en el libro de Génesis la creación del hombre y te encuentras con que Dios dijo "hagamos al hombre", estableciendo Su diseño original como parte de algo que ya había planificado.

Si en algo debemos tener confianza, es en la verdad absoluta de que Dios sabe lo que hace. Sí lo sé, parece un cliché, pero es un principio eterno y seguro.

Te invito a que me acompañes en la travesía de la voluntad de Dios. Ella nunca te fallará pues es el mapa que nos conduce al Sueño de Dios en la tierra. Nunca te defraudará porque es verdad en su absoluto. Nunca te dejará porque es compañera fiel.

HAGASE TU VOLUNTAD

CAPÍTULO UNO
METAMORFOSIS

"Todo en la vida son ciclos, no hay pérdidas, sino transiciones."

-CAPI

De pronto todo cambió. Fue como si mi vida diera un giro de ciento ochenta grados hacia una dirección completamente desconocida para mi. Bueno, no solo para mi, sino también para Gene. Para ella el cambio sería mucho mas fuerte, pues nunca había vivido tantos cambios abruptos a la misma vez. Nuestro noviazgo duró un año y nos casamos. Nuestro matrimonio no había cumplido bien el año en Puerto Rico cuando ya Dios nos tenía otros planes.

Estábamos a un mes de casarnos. Habíamos terminado de pagar todas las cuentas y deudas de nuestra boda y solo nos restaba esperar el ultimo mes y hacer lo necesario para estar preparados. Un año de planificación se nos había esfumado como la neblina de la mañana cuando el sol se asoma sobre ella.

Entre compromisos de ministración y días para congregarnos, habíamos separado con muchos meses de anticipación una fecha en especifica. Era la despedida de quien había sido mi pastor durante unos ocho años maravillosos. Cuánto amé los pastores. Habían invertido tanto en mi vida y ministerio que sentía que les debía tanto.

Con lagrimas en nuestros ojos y con el corazón hecho pedazos habíamos llegado al servicio para despedirnos de ellos. Entre canticos, aplausos y risas recordamos los años de esfuerzo invertidos de parte de ellos a la humilde congregación. Cuando llegó el momento del mensaje todos fuimos confrontados por la palabra que Dios había traído en labios de un pastor que nos visitaba de lejos. Era un mensaje confrontador y desafiante a la vez.

Cuando llegó el momento de la ministración sentía la necesidad de pasar al altar y recibir la bendición pastoral. No iba con intensiones de ser ministrado, ni con el propósito de recibir alguna palabra profética, solamente deseaba la fortaleza y dirección de Dios para lo que seria nuestra próxima etapa matrimonial. Lo que ocurrió a continuación lo cambio todo por completo. El pastor predicador se paró delante de Gene y de mi, poniendo sus manos sobre nuestras cabezas comenzó a hablarnos de parte de Dios.

Soy bien cuidadoso con la imposición de manos y con el *"Así dice el Señor"*, ya que hoy día *"todos"* dicen hablar de parte de Dios, pero cuando observas sus vidas tedas cuenta que lo visible no es compatible con lo que hablan y dicen. Amado, hay cantidades de personas que viven la vida reclamándole a Dios por cosas que Él nunca les dijo. Sencillamente fueron palabras huecas que salieron de la boca de un irresponsable, que guiado por la emoción comprometió a Dios con palabras que Él no expresó. Lo triste es que, quien no intima con Dios puede pasar la vida viviendo en una palabra que no tiene cumplimiento ni raíz divina. Es por eso que creo que es muy importante abrir los oídos y escuchar con detenimiento cada palabra que dice en la ministración, juzgar al profeta y su profecía. Poner en balanza lo que se habló y en la intimidad secreta con Dios preguntarle acerca de lo que se le fue hablado.

El pastor comenzó a hablarle con detalles a Gene de su vida personal. Procesos que ella había vivido y como Dios estuvo con ella preparándola para el ministerio que le entregaba. Yo escuchaba atentamente, pero sabía que no era el hombre el que estaba hablando sino Dios mismo. Terminó con Gene y entonces nos comenzó a hablar como pareja.

- *"Yo los uní."* Decía el Señor. *"Lo que haré de ahora en adelante será mucho mayor que lo pasado. Llevo el ministerio a mayores alturas y experiencias... Pero, así como viste que extradité a tu familia"* Me decía a mi. *"También haré con ustedes. Abro una puerta de salida. Tocaré el corazón de mis hijos fuera de Puerto Rico para sacarlos de aquí. Te llamarán y te ofrecerán ayuda y esa será la señal de a salida."*

Frente a toda la congregación el Señor nos acababa de revelar Su voluntad. Amado creo que Dios habla y de las formas en que lo hace. Desde mi juventud siempre escuché a mi abuelo decirme:

- *"El tiempo es el mejor testigo. Él te dejará saber si fue Dios o no."*

Yo sabía que Dios nos había hablado pero deseaba que Dios trajera confirmación a la palabra, no por mi, pues yo me había decidido en hacer la voluntad de Dios desde el principio pero deseaba que Dios confirmara en Gene la palabra recibida. Así que oramos. Volvimos y oramos. Y entonces oramos un poco mas. A lo largo de los meses, exactamente por un año, donde quiera que salíamos a ministrar la palabra, se levantaban personas en los servicios para hablarnos de parte de Dios. Hermanos de las congregaciones que no nos conocían se nos acercaban para decirnos que Dios nos sacaba de la Isla de Puerto Rico para establecernos fuera. Las ancianas de la Iglesia lloraban y temblaban diciéndonos de cómo Dios les había hablado acerca de nuestra extradición. No había forma de dudar de la palabra que meses atrás habíamos recibido en aquél servicio.

Habíamos recibido la palabra para el mes de Septiembre del año 2018, y en Julio del 2019 voy montado en un avión rumbo al estado de Pensilvania a predicar la palabra el fin de semana. Mientras duraba el vuelo, oraba sentado en mi asiento, diciéndole al Señor:

- *"Toca el corazón de Gene. Dale paz y trae confirmación a su vida."*

No hable con nadie, solamente oré. Cuando el fin de semana estaba terminando y ya había culminado de predicar, el pastor que me había recibido me invitó a su casa a comer con su familia. Gustosamente acepté y durante las siguientes horas hablamos y reímos contando nuestras anécdotas personales. Cuando la noche estaba terminando, la pastora se me quedó mirando fijamente. Era como si pudiera ver profundo en mi y me preguntó:

- *"¿Tienes espacio en tu maleta?"*

Yo pensaba que me lo decía en forma de broma pues ya no tenia espacio por las tantas cosas que traía conmigo, pero volvió a mirarme con la misma intensidad. Yo sabía que ya no era ella, era el Espíritu Santo hablando a través de ella. Continuó:

- *"Tengo algo para tu esposa. Son dos cosas. Una es grande, de mi parte, pero la segunda es pequeña, pero de parte de Dios. Cuando ella lo reciba sabrá lo que es."*

Ella entró en su habitación y cuando salió me entrego una cartera grande y rosa como le gustan a mi esposa, pero lo segundo era tan pequeño que en la mano sola se escondía. Ella extendió su mano, yo tomé lo que me entregaba y cuando lo miré me di cuenta que era una llave. Sí, así es. Quizás no tiene relevancia para usted, pero para nosotros era la señal de una puerta abierta delante de nosotros. Era la ultima confirmación que necesitábamos para entender que ya la hora había llegado.

En ese mismo mes recibo una llamada telefónica mientras veía las noticias en la sala de nuestra casa. Reconocí el numero, pues era el de una pastora de Georgia que yo conocía por unos cuatro años. Tan pronto contesté la llamada, ella comenzó a hablarme de parte de Dios. Todo lo que me estaba diciendo era exactamente lo que un año atrás Dios nos había hablado en aquél servicio de despedida. Cuando terminó de recordarme aquella palabra profética, comenzó a brindarme la ayuda de la que Dios me había dicho que sucedería. No había espacio para dudar, pues palabra por palabra la pastora acertaba en aquella profecía. Mientras ella hablaba, el teléfono estaba en altavoz con la intención de que Gene escuchara lo que Dios nos estaba requeté confirmando por milésima vez.

Gene y yo nos miramos entendiendo que era el momento de nuestra salida, y por las próximas semanas estuvimos empacado cosas, vendiendo y regalando otras. Sabíamos que la salida seria pronto. O sabíamos cuando sería, pero deseábamos estar tan listos como si fuera el mismo día. Nos quedamos con exactamente seis maletas y dos mochilas de ropa. Sin muebles, enseres eléctricos ni algo en lo que recostarnos. Lo acabábamos de entregar todo y nos fuimos...

Cierra tus ojos por momento y piensa en esto: Tienes casa propia, carro propio. Tienes tus hijos jugando con sus amistades en el patio delantero mientras los observas tomándote una taza de café. Tienes el trabajo de tus sueños con un salario increíble. Vas a una hermosa congregación donde formas parte del equipo de trabajo y mano a mano trabajas con los pastores, y de prono Dios te habla Te pregunta: "*¿Me amas?*" Seguro que le responderá con un "*Sí*" a gritos. Obvio, vives enamorado de Dios, pero lo próximo te sacude. "*Deja todo lo que tienes y sígueme.*"

¿Cómo se deja todo aquello que te ha tomado años en edificar, despedirte de ello para ir detrás de una voz que te habló? Eso se llama hacer la voluntad de Dios.

Cada vez que la Voluntad de Dios se nos revela, llega con la intención de mostrarnos lo próximo, y a veces lo próximo es algo completamente diferente a lo que vivimos acostumbrados. Y para que algo pueda ser hecho nuevo debe entrar en un proceso de TRANSICION. Una transición es una transformación o cambio de un estado a otro. Es hacer algo completamente nuevo o diferente a lo anterior. Estos cambios son dolorosos pues tienen el objetivo de hacer crecer, modificar y alterar por completo el estado anterior.

Tome por ejemplo la mariposa. Antes de ser un insecto volador, majestuoso y colorido, es una simple oruga sin belleza en ella. No tiene una apariencia exterior atractiva, pero en su interior encierra algo que, en poco tiempo y con la ayuda del dolor de la transición revelará lo que verdaderamente es.

El tiempo de metamorfosis puede variar. Para unos el tiempo de cambio y transición puede ser repentino, mientras que para otros es un proceso de años. En ambos casos, es un proceso de dolor. Un dolor agudo que arranca, mueve y reemplaza.

"Si no te duele, no te cambia."

Una oruga o larva puede durar entre siete a diecisiete días en su primer estado. Durante este tiempo lo único que hace es comer y comer hasta alcanzar un tamaño de aproximadamente dos mil veces superior a lo que originalmente era. Ella se está preparando físicamente para lo que será la mayor transformación manifestada a través del dolor. Luego de haber comido lo suficiente entra en una etapa de encapsulación. Tarda unos cuatro días en encerrarse dentro de un caparazón llamado crisálida, que ella misma diseñó para comenzar la fase de cambios. Aquí es donde nadie ve lo que está sucediendo. No hay sonidos, movimientos ni visualizaciones, solo una espera que desespera por saber cual es el resultado final. Durante días su cuerpo lucha por cambiar y transformarse en un ser completamente diferente a lo que era. Hasta que por fin llegó el momento de salir. No es el final, pues falta unos de los pasos mas importantes. Romper aquello que la encierra. La única forma de salir es rompiendo desde adentro la crisálida, por lo que utiliza sus alas para empujarse hacia la salida. De esta manera, usando sus alas, ellas comienzan a fortalecerse de tal forma en que rompen y abre una brecha, pero también se fortalecen de tal forma en que puedan sostener a la ahora mariposa en su vuelo.

Interesantemente, como cristianos vivimos los mismos procesos de cambio dentro de la voluntad de Dios. Nacemos como parte del Sueño de Dios en la tierra y Él encierra dentro de nosotros todo el potencial que necesario para las áreas en las que somos necesitados y enviados. Pero para que se pueda producir en nosotros el producto de lo que se nos entregó, Dios permite la entrada de procesos para moldearnos y capacitarnos.

1. Alimentación: A lo largo de nuestros años de convertidos, Dios nos entrega a pastores, ministros

y mentores para que nos den el alimento necesario para crecer correctamente. Comenzamos como el apóstol dijo: "*La leche espiritual*", pero al madurar y crecer se nos da de la "*vianda espiritual*" (1 Corintios 3:2). Una comida mas sólida para sostenernos. Recibimos primeramente para crecer y secundariamente para entregar. Ahora bien, no puedes dar aquello que no has recibido primeramente. Es por eso que quien brinca la etapa del alimento y desarrollo, crece espiritualmente deformado y anémico, por lo que todo lo que da y hace no es efectivo en lo absoluto.

2. Incubación: Esta es la etapa de mayor frustración, pues solo hay silencio y quietud. No se ve ni se siente nada. En esta fase muchos abandonan porque de pronto se dan cuenta que las cosas no están como ellos esperaban, y quizás buscando escuchar la voz de Dios se dan cuenta que Él solo hace silencio. Y es precisamente el silencio de Dios lo que mayormente que desespera. Porque si lo escuchas, pues sabes que Él está cerca, pero cuando no, sientes que te abandonó. Lo cual es incorrecto, pero es así como nos sentimos. El propósito de la incubación es manifestar un tiempo de desarrollo en aceleración. Hace que avance lo que se detuvo o lo que con lentitud comenzó a detenerse. Este lapso de tiempo puede durar años para algunos, mientras que en el caso de otros en cuestión de días o semanas ven el resultado de aquello que un día se les habló.

3. Hacer Fuerza: En esta etapa toca sencillamente ejercer aquello que se nos dio y enseñó a lo largo del proceso. Dios te dijo que Él es tu sanador; en la enfermedad cree que Él te sana. Dios te dijo que Él es tu proveedor; en la crisis cree que Él te provee. Dios te dijo que Él es tu protección; en la tormenta cree que Él te guarda. Es poner en practica aquello que en el secreto se nos fue revelado. Creer y confiar en la Fidelidad, el Favor y la Gracia del Señor. Tendrás que hacer fuerza contrala incredulidad. Tendrás que hacer fuerza contra el egoísmo. Tendrás que hacer fuerza contra el entretenimiento. Tendrás que hacer fuerza contra las corrientes de este mundo. Tendrás que hacer fuerza contra el sistema mediocre. ¡Comienza a empujar y hacer fuerza!

4. Vuela: Esta es la etapa mas emocionante y gratificante pues es precisamente la de la exposición y exhibición. En esta se da a conocer lo que Dios dijo de ti pues te expone en lugares donde tus habilidades jamás te hubieran colocado, sino solamente la Gracia de Dios. Aquí disfrutas de una gloria en publico. Recoges lo que con tantas lagrimas habías sembrado.

Ninguna etapa es mas importante que la otra pues son como un eslabón. Cada fase esta vinculada con la próxima. No puedes evitar ninguna. Las necesitas absolutamente todas. Sí, hace falta la alimentación, la soledad, el rompimiento y la exposición.

Absolutamente todo lo vivido en las transiciones

formará en ti dos piezas esenciales para el éxito:

1. Carácter: Este no te permite doblarte ni romperte ante las críticas de quienes te observan. También te mantiene enfocado en tu objetivo.
2. Identidad: Ésta te impide compararte ni medirte con aquellos que lo hacen diferente a ti. Te hace verte en el diseño que Dios te dio.

Si lo vivido no te cambió fue porque quise hacerlo sin Dios, brincaste etapas o evitaste alguna de ellas.

El libro del profeta Daniel revela a 4 jóvenes hebreos, incluyéndolo a él, llevados a una tierra desconocida e idolatra y pagana. Se que los conoces como Beltsasar, Sadrac, Mesac y Abed-nego, mientras que sus verdaderos nombres eran Daniel, Ananías, Azarías y Misael. La intención con la que se les fueron puestos nombres diferentes era cambiarles la identidad. Borrar de ellos el recuerdo de su tierra y mas importante, el recuerdo de su Dios. Pensaban que haciendo todo esto transformarían sus identidades, el problema con que se encontraron era que por mas que les cambiaran su apariencia, jamás cambiarían su esencia. Por mas que les cambiaran los nombres, jamás cambiarían la identidad que El Eterno les había dado, pues ellos ya lo habían conocido.

El apóstol Pablo hace una advertencia en su carta a los Romanos, señalándoles que no hemos sido llamados a *"conformarnos a este siglo"*, sino a que nuestra *"vida y mente sean renovadas"* (Romanos 12:2). La palabra *"conformado"* en el griego literalmente significa *"co-formado"*. Formado por lo que nos toca o rodea. Permítame hacer la salvedad necesaria. El Dios que esta con nosotros en los procesos y transiciones nos transforma a la medida y diseño de nuestro Salvador Jesucristo.

CAPÍTULO DOS
EL MOLDE DE DIOS

"se echó a perder en sus manos..."

-Jeremías 18:4

Te están entrenando. Están equipándote con las herramientas necesarias para las próximas temporadas. Estás en la escuela de Dios y no pasarás de nivel si no apruebas esta prueba. ¡Así mismo! Tienes que aprobar para poder continuar y en medio de lo que estás, están trabajando con tu carácter, tus emociones, tus planes personales, tu voluntad personal, (que luchas por no soltar), el apego a las cosas pasajeras de este mundo, tu fidelidad y el sometimiento. ¡Cáptalo! Van a *"darte"* duro para sacar de ti el mejor producto y exponerte.

En los negocios de innovación no pueden darse el lujo de arriesgarse con un producto incompleto. No puede salir al mercado mercancía que no cumpla con las regulaciones y mucho menos si está incompleto. No sacarán a volar en un aeropuerto un avión con una sola ala. No pondrán a conducir un auto con solo dos ruedas y

25

mucho menos pondrán a navegar en el mar abierto una nave que no flota. Sería ridículo pensar que se puede lanzar lo que sea como sea y Dios no es así. Si una empresa no se arriesga, ¿qué te hace pensar que Dios sí lo hará?

Dios está tan determinado en Su misión que no puede sacar a la luz un proyecto incompleto. Él no perderá Su tiempo exponiendo una pieza que no ha sido completada y que, en vez de edificar, lo que haga sea derribar. Sacará algo COMPLETO.

El apóstol Pablo le escribe y exhorta al joven pastor Timoteo y le dice: *"Procura con diligencia presentarte a Dios aprobado, como obrero que no tiene de qué avergonzarse, que usa bien la palabra de verdad."* (2 Timoteo 2:15). Pablo, padre espiritual de Timoteo está encarcelado en una prisión romana esperando su ejecución, y en lo que se cree que es su última carta, escribe a su hijo en el espíritu, esforzando y exhortándole a que dé el *grado* de un hombre de Dios. Le hace ser consciente del desvío de muchos de la fe, pero que él sea el ejemplo de vivir diariamente aprobado por Dios. Que toda su conducta, vida y trato a los demás sea ese como el de Jesucristo.

El pastor Timoteo representa la generación de ministros que continuarán con el legado y el mensaje, pero si su vida no es un ejemplo para quienes siguen detrás de ellos, entonces, ¿cuál será el mensaje que a ellos se les dará? Toma un momento y reflexiona. Si nosotros hoy somos los hijos espirituales de la generación pasada; entonces mañana seremos los padres espirituales de la generación siguiente.

¿Podemos ser efectivos si no somos aprobados? ¿Podremos ser influyentes si no hemos sido influenciados por Dios? ¿Dejaremos marcas relevantes en nuestra generación si aún no hemos sido marcados por Dios?

Isaías nos puede contestar estas preguntas en tan solo siete versículos, (Isaías 6:1-7). Su experiencia con la gloria de Dios es tan sobrenatural, que no le hizo brincar, correr o caer al suelo, sino que le hizo ser consciente de su realidad: *"...hombre de labios inmundos"*, y luego declara: *"Y habitando en medio de pueblo que tiene labios inmundos"*. Es tan fuerte la gloria que experimenta el profeta, que antes que reconozca o señale el mal y el pecado del pueblo, reconoce el suyo propio primero.

No hay manera que podamos libertar si no hemos sido libertados. No podemos sanar si no hemos sido sanados. No podemos restaurar si no hemos sido restaurados. Necesitamos urgentemente que la gloria nos impacte de tal forma que impactemos a los nuestros.

Por eso mismo es que la orden que Dios le da a las temporadas de procesos es que nos lleven a acercarnos Él. Toda prueba, desierto, crisis, enfermedad y dificultad solo tiene la orden de PRESENTARNOS A DIOS. El profeta Oseas lo establece de la siguiente forma: *"Pero he aquí, que yo la atraeré y la llevaré al desierto, y hablaré a su corazón."* (Oseas 2:14).

Dios observa la sequedad del desierto como el terreno perfecto de preparación, capacitación y aprobación. De hecho, los estudiosos dicen que el desierto era el mejor lugar para pastorear ovejas. Tenía el clima y el ambiente

HAGASE TU VOLUNTAD

correcto para el crecimiento y desarrollo de las ovejas. Se nos acostumbró a verlo como un lugar de muerte, pero Dios nos enseña que es Su lugar diseñado para nuestro pastoreo.

El profeta Jeremías en su capítulo 18 nos presenta uno de los ejemplos más gráficos y descriptivos de lo que es el trabajo de formación de Dios en nuestras vidas. Jeremías es enviado por Dios a la Casa del Alfarero con el único objetivo de observar y reconocer el proceso de formación. Mientras el alfarero aún trabaja con el barro, dice que en sus propias manos se *echa a perder la vasija*, pero Jeremías es específico en detallar que se echa a perder en las manos del Alfarero. La respuesta de Dios al profeta es la siguiente: *"Si está en sus manos, todavía la puede volver a hacer o formar nuevamente y de la manera en que a él le agrada."*

¿Duele ser formado? No miento. Seguro que duele y mucho. Mientras somos formados, Dios rompe áreas de nuestras vidas. Nos confronta con las partes sin solucionar de nuestras vidas. Nos para de frente al viejo hombre para que veamos lo que fuimos y lo que ahora somos en Dios.

Se que cuando hablamos de formación nos volvemos algo defensivos porque el hecho de pensar en que podemos ser rotos y reformados nos da hasta escalofríos. Nuestra humanidad se resiste a los cambios de formación, pero nuestro espíritu lo anhela con ansias, pues desea parecerse al Dios que lo formó.

Debemos comprender el hecho de que, a pesar que hemos tenido nuestros tropiezos, nuestras caídas, nuestras tribulaciones y hemos cometido nuestros errores, si estamos en las manos de Dios todavía tenemos la oportunidad de ser formados correctamente. Y mientras estemos en sus manos, Él siempre tendrá el cuidado de formarnos correctamente y de darnos los detalles de formación que necesitamos para los escenarios a los que seremos expuestos.

Si Dios está por posicionarte delante de personas de eminencia, de importancia y relevancia en nuestra sociedad, pues Él sabe que debe equiparte y entrenarte en todas las áreas de tu vida como: en tu lenguaje, en tu conocimiento, comportamiento y también en tu carácter. Él te conectará con legisladores, gobernadores y alcaldes porque ese es el escenario al que Dios te expone. Y de acuerdo al lugar en el que te pondrán scrá la capacidad que se te entregará.

Me parece de pronto escuchar al Señor decir en una ocasión (Lucas 12:48):

-"*A todo el que se le haya dado mucho, mucho se demandará de él.*"

Dios exige y demanda mucho de ti porque ha puesto mucho en ti. Él sabe qué fue lo que te entregó para esta tarea específica. Él sabe que te capacitó y que te formó y moldeó de la manera correcta para este escenario en el que estás.

Si Él te estaba entrenando para el evangelismo dinámico en las calles, es *posible* que en tus años de vida te haya *permitido* conocer el mundo, su lenguaje y forma de vivir. No que Dios te haya llevado allá, pero sí permitió que estuvieses allí para que cuando fueras rescatado por Él, tuvieses el lenguaje con el que pudiesen conectarse aquellos que están del otro lado, y tuvieses las palabras que ellos pueden comprender. Es posible que si Él te está exponiendo al área de milagros y sanidades, haya permitido que en tus años de vida, las dolencias y enfermedades te tocaran para que pudieses comprender el dolor que otros tienen.

Por eso es que me bendice poder ver a un Jesucristo humano, que la palabra dice: *"Porque no tenemos un sumo sacerdote que no pueda compadecerse de nuestras debilidades, sino uno que fue tentado en todo según nuestra semejanza, pero sin pecado."* (Hebreos 4:15). Él sabe lo que fue ser expuesto a la tentación, pero la pudo vencer. Por eso es que Jesús no te condena ni te juzga en tu debilidad humana porque él fue tentado en todo. Él sabe lo que es la humanidad y sabe lo que es la carne, pero también conoce cómo es que se vence. Él puede estar en el desierto durante 40 días ayunando y al acabar ser tentado y poder vencer diciendo: *"Escrito está."* Porque antes de ser expuesto tendrás que ser entrenado y tendrás que ser equipado y ser moldeado.

Moldeados

En ocasiones el propósito de Dios que cargamos se encuentra limitado y frustrado a causa de la gente con la que nos hemos rodeado. Yo pienso que una mala compañía o una incorrecta nos impedirá llegar a lugares correctos que Dios nos preparó de antemano.

Hay personas que han perdido la oportunidad de

poder llegar al lugar que Dios destinó para ellos porque sencillamente se conformaron con rodearse con gente incorrecta. Note, que hay gente que tiene la capacidad de estancarnos y detenernos en el lugar en el que estamos, porque su ADN espiritual no es compatible con el nuestro. Cuando nos sentamos con la gente incorrecta nuestros sueños se pueden frustrar, nuestras aspiraciones se limitan, y nuestro emprendimiento se detiene. Los individuos incorrectos tienen el poder de matar los sueños que cargamos, sin embargo, cuando estás con la gente correcta todo el potencial que tú cargas se maximiza y duplica. Te darás cuenta que los lugares correctos siempre se hicieron más fáciles cuando estabas con la gente correcta.

Dios no te puede colocar en un lugar correcto si tú no tienes la mentalidad correcta. No solamente es la gente con la que te rodea que determina cuán alto y lejos puedes llegar, sino también la mentalidad que tengas. Si tu mentalidad no es correcta Dios no puede posicionar en el lugar correcto. El Predicador en Eclesiastés dijo: *"Vi siervos a caballo, y príncipes que andaban como siervos sobre la tierra"* (10:7). Presenta en el marco a dos personajes, *El Príncipe* y *El Esclavo*. El Señor no tiene un problema con el que se supera, el problema es que en su aparente promoción, su capacidad permanezca igual a la etapa anterior. Dios no puede entregar *"realeza"* al que tiene todavía mentalidad de *"esclavo"*. Dios no puede colocar en lugar de *honra* a aquel que tiene todavía mentalidad de *deshonra*. Pide a Dios que transforme hasta los pensamientos más íntimos y te prepare para los escenarios que Él te preparó.

El apóstol Pablo declaró: "*transformados según el espíritu de nuestro entendimiento*" (Romanos 12:2). El apóstol entiende que para que mi *cuerpo* y mi *vida* sean cambiadas, primero mi *mente* debe ser transformada, y cuando ella es transformada, todo lo demás comenzará a tomar su forma. Todo lo demás es transformado como resultado de una mente sana e innovada. Si yo tengo pensamientos de vencedor, yo soy vencedor. Si yo tengo mentalidad de triunfador, pues soy un triunfador. Pero si mi mentalidad es de miseria, de pobreza, de derrotas y de fracaso, todo lo que voy a ver es exactamente lo mismo.

Esto debe ser lo primero que yo debo pedir a Dios. Que cambie mis pensamientos y mente, para que mis acciones cambien y cuando ellas cambien; mi entorno comenzará a cambiar como resultado.

Pídale a Dios que transforme hasta lo más íntimo y lo más secreto. Hasta lo más interno de tu vida para que lo demás comience a transformarse.

David fue llamado y ungido por el profeta Samuel para el reinado. Él fue seleccionado para un tiempo poderoso y decisivo en el pueblo de Dios. Pero para que David pudiera ser posicionado y lo colocaran en su lugar de propósito, su corazón necesitaba ser preparado y guardado para la altura de su llamado.

Observe que cuando Dios habla de David, Él mismo dice: "*He hallado a David hijo de Isaí, varón conforme a mi corazón...*" (Hechos 13:22). De ninguna manera era perfecto David, pero cuando Dios lo miraba veía un corazón "*conforme*" que sería entrenado.

Yo se que algunos pudieran deferir en cuánto a la aprobación de este hombre, ya que al observar toda su vida se pueden encontrar pecados, traiciones, conspiraciones y tantas cosas que parecen descalificarlo, pero me parece interesante ver a Dios con la capacidad de distinguir lo *mejor* en lo *peor*. Ver *elegibilidad* en la *debilidad*. Contemplar *perfección* en la misma *imperfección*. Porque Él sabe que tiene TODO el poder para sacar lo mejor del corazón de este joven al que llama y separa para Él.

Aproximadamente 15 años tarda David desde el momento en que fue ungido hasta el momento en que se encuentra sentado en el trono. Son largos los años que David está atravesando del proceso de modificación.

David necesita vivir momentos de persecución, de crítica y maltrato sabiendo que le están buscando y que hay un precio sobre su cabeza. Pero durante estos años su vida está siendo moldeada por el Alfarero Eterno. El que diseñó el universo le está dando forma un corazón vulnerable.

El joven David vive tres etapas a lo largo de sus años de vida que le capacitarían específicamente para el trono que Dios le habría de entregar. Cada etapa estaba diseñada para moldear áreas especificas de su vida. De igual forma ha trabajado Dios con nosotros. Antes de plantar apóstoles, profetas, evangelistas, pastores y maestros, Él diseña toda una escuela de enseñanzas a lo largo de nuestras vidas. Para David fue el trono, ¿y para ti cual es el destino final?

- Primera Etapa: Leones, Lobos y Osos
  David le relató a Saúl las experiencias de batalla que el había tenido anteriormente mientras pastoreaba las ovejas que no le pertenecían. Él sacó

todo su currículo y con detalle le relató las experiencias vividas a lo largo de sus años. La verdad es que David nunca había peleado con una espada ni con armadura, pero si con lo que tenia disponible, sus manos.

Es posible que tu reclamo al Señor sea que no tienes estudios universitarios dinero en el banco o un carro para transportarte pero si Dios te está llamando es porque tienes algo DISPONIBLE.

En el Segundo libro de Reyes capítulo 4 se nos presenta una *mujer, esposa de no de los hijos de los profetas* que, viviendo en su peor crisis había perdido a su esposo y con deudas encima, solo escuchaba las amenazas de sus acreedores, que buscaban saldar la deuda con dinero o con la vida y servicio de los hijos de esta pobre mujer. Ella conociendo el poder de una palabra profética, pues en su hogar este era el mover conocido, buscó al profeta Eliseo esperando recibir un: *"Así dice el Señor"*. Ella entendía que si Eliseo declaraba una palabra en la tierra, desde el Cielo enviarían una manifestación extraordinaria... Pero no. Eliseo no profetizó. El profeta no ungió la casa. El hombre no reprendió al devorador, sino que le pide a la mujer que revele qué es lo que exactamente tiene en su casa. Su respuesta parece estar inundada de incredulidad e incertidumbre: *"Solo unas pocas vasijas vacías."* El profeta no le preguntó qué necesitaba o qué le carecía, sino que pronunciara lo que había disponible en casa. Amado, Dios esta mas interesado en usar lo que ya tienes que en entregarte lo que le estas pidiendo. Tan prono la mujer dispuso las vasijas el aceite fluyó en abundancia.

- <u>Segunda Etapa</u>: Piedras Lizas y Una Honda
El enfrentamiento que el joven David tuvo con los leones lo moldeó y preparó de tal forma en que estaba listo sin darse cuenta para enfrentar gigantes. Durante cuarenta días hubo un hombre de tres metros de alturas desafiando al pueblo. Toda la intención de gritar y vociferar, es precisamente INTIMIDAR al pueblo y su ejercito. La verdad es que estaba siendo efectivo. El rey temblaba dentro de su armadura y los soldados no se atreven a salir de sus campamentos, pero David, con tan solo escuchar las palabras de insulto que aquel hombre incircunciso e insignificante pronunciaban, activó el propósito escondido.

Se nos presentarán escenarios donde la intención de nuestro adversario será tratar de intimidarnos para que abortemos al llamado. Quizás presentará amenazas y acusaciones para desviarnos del propósito, pero quien conoce al que le llamó, también reconoce Quien es el que le respalda Así como Dios moldeó en David la confianza para enfrentar el desafío, también lo hace con nosotros para que le hagamos frente a los gigantes que nos intentan detener.

- <u>Tercera Etapa</u>: Estrategia Militar
Para esta ultima etapa no encuentras a David luchando con sus manos ni lanzando piedras, sino batallando con una estrategia militar. El conocimiento que ahora tiene supera las estrategias

utilizadas en su pasado, pues ha crecido de tal forma en que con poco esfuerzo obtiene un mayor resultado.

Te darás cuenta que mientras eres moldeado por Dios, Él expande tus límites de sabiduría y conocimiento. En Su Gracia te hace crecer.

Semejanza

En el proceso de salida de Puerto Rico, Dios comenzó a trabajar en mi mentalidad. Sin darme cuenta me había desviado desenfocado. Con dos pensamientos Él me hace chocar:

1. *"Agenda llena es equivalente a éxito ministerial."* Si en tu calendario hay espacios vacíos pues no lo estas haciendo bien y tu ministerio es irrelevante. Todos los ministros que comencé a conocer en mi adolescencia hablaban de todos los viajes que tenían y a cuantas iglesias habían visitado en las pasadas semanas, y yo solo podía hablar de cuantos versículos ya yo me había aprendido de memoria. Pero ese era el pensamiento con el que había sido moldeado por aquellos que me formaban.

2. *"Ser exitoso es tener una excelente economía".* Nuestra economía en casa había sido bendecida en el ultimo año de una forma impresionante. La venta de libros, camisas y el trabajo secular estaban derramando cantidades grandes de dinero al mes.

Sinceramente estábamos cómodos. Teníamos la bendición de viajar, hacer turismo, comprarnos lo que deseábamos, visitar parques de atracción y darnos los lujos que quisiéramos... Pero Dios nos miraba, porque yo en lo personal estaba tan enfocado en mantener unas buenas finanzas, que mucho de lo que sí era verdaderamente importante estaba pasando a un segundo plano.

Entonces Dios dijo: "*Los sacudo*". Oh amado y cómo nos sacudió. Nos sacó de nuestra isla para llevarnos aun lugar desconocido. Uno conocido como muchos ministros como un estado desierto, porque la tierra espiritual es seca y árida. Este era el desierto en el que Dios necesitaba lanzarme. Y tocó nuestras finanzas y nuestra agenda.

Si había algo de lo que me podía sentir orgulloso y confiado, era en mi crédito. Iban en un aumento que nada lo podía detener. Creo que yo pensaba como el diseñador del Titánico: "*Nada lo hundirá*". Solicitaba lo que fuera y me lo aprobaban, y de pronto el crédito comenzó a caer como un avión a punto de estrellarse. Dios lo tocó y lo hundió. Nuestra cuenta bancaria no conocía lo que era ver números negativos, y de pronto no había dinero para comprar ni pagar *esto* o *aquello*. No había duda de que Dios nos estaba moldeando.

Dios necesitaba tomarme nuevamente en sus manos, y como el barro en las manos del alfarero, tenia que hacerme de nuevo porque perdí mi forma. Tenía que volver a la forma correcta. No podía vivir desfiguradamente.

Ya no podía depender de lo que yo hacia, sino de lo que

Dios ya había hecho por nosotros. Desde antes de nuestra llegada ya había preparado las *"viudas de Sarepta de Sidón"* y los *"cuervos con pan y carne en sus garras"* para alimentarnos. Cuando Dios nos bendijo con nuestro nuevo hogar, sin tener nosotros nada en los bolsillos, en cuestión de una semana ya teníamos nuestra casa completamente amueblada y rediseñada. Los hermanos llegaban con presentes, regalos y obsequios. A unos Dios se les revelaban en sueños les decía cuales eran nuestros gustos personales para las cosas de la casa y nos las traían.

Amado, por mas que hagas, no te dejes corromper por lo superficial y pasajero, porque te aseguro que serás roto y moldeado nuevamente. No te resistas a Dios ni a Su diseño. No pierdas la forma de la identidad y semejanza de Dios en tu vida. El propósito de nuestro adversario es desfigurar y corromper nuestro diseño original.

Todo diseñador y arquitecto tiene una pieza, obra o diseño que lo identifica. Michel Ángelo, pintor y escultor puede ser identificado por su escultura del joven David. Bill Gates puede ser reconocido por las computadoras Windows. Thomas Edison por la invención de la bombilla. Leonardo da Vinci por su pintura de La Última Cena. Dios, por la creación del hombre. Su diseño magistral. Su obra de arte.

Anterior al diseño del hombre Dios había creado *"cielos y tierras"*, pero para la creación del hombre, Dios se lo toma personal. Esta obra de arte tan perfectamente detallada le tomó precisión, tiempo, atención, cuidado y, sobre todo, amor. Por amor entregó su mayor pasión en este trabajo. Lo pudo haber hecho con Su palabra, pero no, quiso hacerlo personalmente. Aquí no solo dejó su firma, aquí plasmó Su identidad. ¿Su Identidad? ¡Sí! Le entregó al hombre "*semejanza*". Haría que cada vez que miraran al hombre lo pudieran ver a Él. Todos conocerían detalles de Dios a través del hombre. Verían sus características manifestadas en carne.

Al crear al hombre le entrega la autoridad para gobernar, sojuzgar y someter, pero también le dio el poder en sus palabras. Dos cualidades extraordinarias de Dios. La habilidad de crear y el poder de establecer con palabras. El poder creativo combinado con una declaración. Dios decide entregarle al hombre precisamente lo que manifestó en la creación. ¡Qué obra tan extraordinaria! Una que grita a voz sin cuello las cualidades de Dios. Una obra con los códigos perfectos. Un diseño exacto y preciso. Dios hace una impresión en carne y hueso, una que debía representarlo.

Ningún arquitecto, diseñador, pintor u escultor crea una obra para esconderla o mantenerla en secreto, sino que su deseo es exponerla y exhibirla en público. Toda la creación ahora se convierte en la audiencia ante quienes Dios revela su máxima creación. Todos son convocados para ver la semejanza de Dios grabada en polvo. Tomó aquello que no tenía apariencia para darle semejanza, propósito y destino.

Exactamente ahora es lo que Dios quiere hacer con nosotros Rompernos y moldearnos de tal forma en que nos convirtamos en esa *pieza maestra* y *obra extraordinaria* que glorifique el nombre del Creador.

Si te están apretando, golpeando y dando con fuerza, es porque la Voluntad de Dios se te reveló para moldearte. No te resistas a Su molde, pues te dará la forma verdadera que necesitas.

CAPÍTULO TRES
FLORECE

"...y había aún como media legua de tierra para llegar a Efrata.."

-Génesis 35:16

Sentado en la sala de la casa de mis pastores sentí como si todo se desapareciera. Era como si de momento todo el sonido se apagara, no escuchara voces y me cayera por un túnel oscuro y silencioso. Por un momento perdí la noción del tiempo y se me olvidó el lugar en el que estaba y me dejé llevar por lo que era una guerra muerte. Me parecía una tercera guerra mundial aquello que en mi mente yo estaba viviendo. Unos pensamientos me pedían que huyera, mientras que otros me invitaban a que esperara. Desde siempre he sido bien reservado y privados con mis asuntos, por lo que no hablaba con nadie de lo que sentía mucho menos quería cargar a Gene. Yo sabía que ella sabía que me pasaba algo, pero no quería descargar toda mi preocupación sobre ella. Como el hombre de la casa, yo creía que sobre mi reposaba toda la responsabilidad, pero se me olvidaba que somos un equipo.

Volviendo nuevamente a darme de cuenta del lugar en el que estaba y por la gente que me rodeaba, me levanté disimuladamente salí de la casa a caminar. Deseaba caminar y seguir caminando hasta llegar a ninguna parte. Así mismo... Continuar dando pasos sin un llegar a un lugar especifico. Sencillamente no detenerme. Comencé a caminar en el patio de la casa de los pastores reclamándole a Dios por Sus promesas. Le decía:

- *"Esto no es lo que tu me prometiste. Me dijiste que me sacabas del lugar en el que estaba porque me ibas a prosperar y bendecir."*

Mi intención era sencillamente quejarme y patalear un poco como un niño llorando. Pero continué:

- *"¿Dónde está todo de lo que me hablaste? No veo esto, aquello y mucho menos lo otro. No te siento. No te escucho. No te veo y mucho menos sé que estas haciendo."*

Mientras aún caminaba dejándole saber a Dios lo que me sucedía, me encontré parado de frente a un árbol de naranjas completamente lleno de su fruto. No había rama en aquel árbol que no tuviera docenas de su producto cítrico. Yo me quedé observando detenidamente que tenía delante porque era literalmente mitad de invierno. Las temperaturas eran muy bajas y absolutamente todos los arboles ya habían perdido su colorido y sus hojas, pero este, este parecía que estaba a mitad de primavera. Sus hojas verdes abrazando el color cálido de sus naranjas que estaban vestidas de pequeñas flores blancas que anunciaban el nuevo nacimiento de otro fruto. Yo entendía que lo que veía no era algo normal, hasta que escuché el susurro de aquella voz inconfundible. Mi amigo fiel. El que siempre permanece El Espíritu Santo me dijo:

- *"Florece. Florece fuera de tiempo. Florece cuando nadie florezca. Florece cuando no te toque florecer. Florece cuando no es temporada."*

Su declaración era precisamente una invitación a la confianza. Me llamaba a creer aún cuando no sentía, quería ni deseaba hacerlo. Me pedía que entendiera que no era momento de llorar, sino de comenzar a revelar el producto escondido que había en mi. Me hacia entender que no era el momento para lamentarme, sino el tiempo de abrazar aquello que precisamente deseaba soltar, la Voluntad de Dios.

Toda la intención de Dios era hacerme míralo a Él para que entendiera que todo estaba bien. Es como escuchar tu papa curarte tus heridas vendarlas y besarlas dejándote saber que Él siempre ha estado ahí.

En ocasiones son los tantos ruidos de la vida que nos impiden escuchar la voz del que nos ama. Nos ahogamos en un vaso de agua, perdiendo de perspectiva que si corremos a Padre, Él nos socorrerá. ¿Será que los vientos y el ruido de las alturas sean demasiado fuertes que, tambaleemos olvidando que si nos sostenemos de la mano de nuestro Amado podremos permanecer de pie?

Génesis 35 presenta un marco, con el que, entiendo que la gran mayoría nos podríamos identificar.

Encontramos un Jacob próspero y sumamente bendecido por el Dios de sus padres. Tanto su familia como todas sus pertenencias han aumentado de tal forma en que el nombre del hombre es reconocido entre los pueblos. Está literalmente en su mejor temporada. Viven en la cúspide del éxito empresarial. Un solo problema tiene. Ha crecido tanto, que se le ha olvidado Quien fue el que le bendijo, levantó y prosperó. Por lo que comenzando el capítulo, se le revela la Voluntad de Dios: *"Levántate y sube a Betel, y quédate allí..."* Betel forma parte de una de las tapas mas importantes de la vida del patriarca ya que fue exactamente en ese lugar donde él experimentó la presencia de Dios por primera vez. No fue hasta que Esaú, el hermano de Jacob lo persiguió que llegando cansado a Betel, los cielos se le fueron abiertos y vio la Gloria de Dios.

Dios trae a memoria a Jacob sus experiencias del pasado y le hace recordar cómo fue que comenzaron todas las cosas. Me parece escuchar a Dios decirle:

"Recuerda. Recuerda cómo todo comenzó. ¿Quién estuvo contigo en tu persecución? ¿Quién fue el que te libró de la muerte? ¿Quién te dio una nueva oportunidad de vida y te entregó una nueva identidad?"

Hoy me parece de igual forma escuchar la voz del Eterno preguntarnos:

- *"¿Recuerdas cuando no tenías agenda? ¿Recuerdas cuando no habían, viajes, invitaciones ni solicitudes? Sólo estaba yo contigo. Yo vi en ti lo que nadie vio Vi tu corazón. Yo recuerdo las madrugadas que pasabas conmigo y en tu oración no me pedias ama, dinero ni un ministerio, sólo me pedias pasar tiempo conmigo porque deseabas escucharme y sentirme cerca.*"

Amado, entonces te pregunto yo, ¿qué pasó? ¿Será que crecimos tanto que nos olvidamos de nuestras raíces y nuestros comienzos? Hoy mas que nunca puedo escuchar el clamor del Espíritu decir: *"Levántate, sube y quédate conmigo...*"

Tan pronto Jacob entiende el clamor del Padre, su respuesta fue precisamente la que Dios esperaba; verlo ponerse de pie, poner en pausa sus asuntos personales y dirigirse al lugar del encuentro. Todo lo demás puede esperar cuando Dios se nos presenta delante, y este fue el pensamiento del patriarca. Lo único que deseaba Dios era pasar tiempo con su amigo y dejarle saber cual sería el próximo paso. La Voluntad de Dios le revela a Jacob un tiempo de expansión, crecimiento y florecimiento: *"De tus lomos saldrán reyes y naciones...*" Dios le esta dando una palabra de continuidad y cumplimiento. Él vuelve a traerle a memoria las promesas hechas a Abraham e Isaac, haciéndole entender que en su vida se manifestarían.

Tan pronto Jacob recibe la Voluntad de Dios, el texto dice que mientras descendía de Betel, a Raquel, su esposa, le comenzaron los dolores de parto. Estaban por llegar a Efrata cuando el dolor se le reveló. Efrata en el hebreo literalmente significa *fruto* o *fructificación*. Era la tierra de la abundancia y crecimiento, y precisamente antes de llegar, los dolores de parto se intensificaron. El texto especifica que estaban a *"media legua"* para llegar. A pasos del crecimiento todo se intensificó.

¿No te parece curioso que, apunto de recibir tu milagro la enfermedad se intensifica? Que estés por entrar por la puerta y de pronto todas se cierren. Que a punto de prosperar la crisis te toque… Esta es la paradoja de las bendiciones de Dios. Antes de llegar se nos revela exactamente lo contrario.

Interesantemente el vientre puede soportar hasta veinte unidades de dolor. Hay una cierta medida que puede resistir el cuerpo humano, pero la mujer es diferente. Ella tiene la capacidad de prepararse psicológicamente para soportar hasta ochenta unidades de dolor, pues ella comienza a preparar e espacio para lo nuevo que viene. Ella sabe que viene un fuerte dolor, pero lo anticipa preparándose para resistirlo, pues entiende que luego de ello se olvidará por completo del dolor porque por fin tiene en sus manos aquello que durante meses estuvo en secreto guardado en su vientre.

Permíteme plantearte esta verdad. El dolor que estas experimentando en esta tapa de prueba solamente funciona como el indicativo de que Dios está por entregarte algo mas grande de lo que habías perdido anteriormente. Sí, yo sé que duele, pero el dolor será pasajero cuando te encuentres con la bendición de la que se te habló.

Tu tiempo de dolor está por pasar al ayer, por lo que entrarás en una temporada de crecimiento y multiplicación.

CAPÍTULO CUATRO
TEMPORADAS

"...Todo lo que se quiere debajo del cielo tiene su hora."

-Eclesiastés 3:1

A lo largo de mi ministerio he tenido algunas experiencias que marcaron el rumbo de mi vida. Unas me hicieron llorar, otras reír, pero todas me hicieron crecer. Sufrí críticas, señalamientos, acusaciones y decepciones, pero en todas ellas vi a Dios intervenir y mostrar Su Voluntad perfecta. Dentro de sus planes estaba el enseñarme a darle valor a cada temporada pues traían algo distinto.

Tenía unos veintiún años de edad cuando el ministerio comenzó a cobrar forma. Ya la agenda se había comenzado a llenar de poco en poco y las puertas para viajar a predicar se abrían de par en par. No era un predicador elocuente ni con estudios, pero locamente apasionado por Dios, solo que... No tenía carro. Estuve unos años dependiendo de la transportación de amigos, hermanos y pastores para llegar a predicar donde era

47

invitado. Dios conocía mi corazón y lo apasionado que para Él vivía. Cierta tarde recuerdo recibir una llamada telefónica de un pastor que había conocido apenas una semana atrás. No era un amigo, solo un conocido nuevo. Su voz se escuchaba débil y frágil en las ondas telefónicas. Una sola petición tenia. Me pregunto:

- *"¿Podrás acompañarme a unas citas medicas? Necesito alguien que pueda estar conmigo cuando me encuentre delante de los especialistas."*

El pastor había sufrido un derrame cerebral y necesitaba viajar a San Juan, la capital de Puerto Rico, para hacerse unos exámenes y estudios de continuidad. Yo me sentí un poco extraño, que un completo extraño para mi quisiera que yo lo acompañara en un proceso tan importante. Accedí, pues no tenía ningún problema con ayudar al pastor. Desde las tres de la madrugada salimos del pueblo de Lares para estar a las cinco de la mañana haciendo fila a las afueras de las oficinas de los especialistas. Pasamos toda las horas de la mañana y la tarde entrando y saliendo de las diferentes oficinas médicas. Cuando volvimos nuestro pueblo y dejamos el pastor en su casa, yo me dirigí hacia la mía, pues ya había terminado mi asignación con el hombre de Dios. De pronto mi celular comenzó a sonar. Era una llamada del mismo pastor, nuevamente pidiéndome que regresara a su casa pues se le había olvidado hacerme la entrega de algo. No sabía a qué se refería, pero de inmediato me devolví. Al llegar a su casa, lo encontré parado en la puerta de su casa haciéndome señas con su mano y cuando me acerqué me dijo:

- *"Toma Michael, se me había olvidado darte esto…'*

Extendí la mano para tomar lo que me daba y al mirar mi mano me di cuenta que eran unos veinte dólares. Amado, yo no tenía ni un solo centavo encima y recibir aquella ofrenda del pastor había sido como si me hubiera ganado la lotería. Sentí que se me erizaron los cabellos del cuello y caso brinco y salto del agradecimiento, pero me contuve. Le agradecí, y me devolví a mi casa. Mientras iba de camino comencé a hacer una lista mental de todas las cosas que adquirir y me podía comprar. Me decía: *"Me compro ropa, un carro y me voy una semana de crucero"*. Lo sé amado, no era un millón de dólares, pero yo me estaba preparando mentalmente para la mayor bendición.

Recuerdo específicamente que era un miércoles, porque en esa noche había un servicio en la casa de una familia y quien era mi pastor me acababa de llamar pidiéndome que llevara los canticos y las alabanzas en el servicio. Con gozo acepté, pues imagínese tenía veinte dólares en el bolsillo. Amado, yo sabia que el bolsillo de mi pantalón no estaba roto, pero agarré y apreté aquel dinero como si mi vida dependiera de ello. Comencé a prepararme y yo soy de las personas que cuando me voy a vestir, me gusta poner en la cama mi ropa en el orden que me la voy a poner. Estaba la camisa, las medias, el pantalón, los zapatos y por ultimo doblados en la esquina de la cama estaban los veinte dólares. Cuando por fin llegué a ellos me encontraba luchando con un dilema: ¿Me los llevo o no? Y me dije:

- *"Sabiendo cómo es Dios a lo mejor me pide que yo le de el dinero a alguien, y ¡yo reprendo al enemigo!"*

Sí sé lo que vas a decir, pero no se me haga muy espiritual. Pero continúa conmigo... De pronto aquel pensamiento quedó opacado por otro, porque comencé a decirme:

- *"Si los jóvenes desean salir a comer luego del servicio, yo no quiero que me paguen la comida. Yo pago lo mío."*

Por lo que tomando el dinero lo doblé y lo guardé en mi bolsillo y me fui para el servicio. Al llegar a la casa me di cuenta que era un servicio evangelístico, hacia la comunidad. Cantamos, adoramos y escuchamos el mensaje de salvación ser predicado. Mientras exponían el mensaje, yo estaba parado el lado de uno de los autos estacionados prestando atención a lo que se predicaba, cuando de pronto lo escuché. Esa voz inconfundible e incomparable. Era el Espíritu Santo y solo me dijo unas palabras breves y precisas:

- *"Dale el dinero al dueño de la casa".*
- *"¿Como es?"* le pregunté. "Si no llevo ni tres horas con este dinero y ya Tu me los estas pidiendo."
- *"Dale el dinero al dueño de la casa"* Volvió y me repitió con paciencia.

La mayor lucha interna se había desatado en mi, porque yo sabia lo que debía hacer y no quería. Buscando excusas y pretexto le supliqué que mejor se los pidiera a algún otro hermano que tuviera mas dinero que yo o que trajera una confirmación indubitable de qué era Su Voluntad. El servicio se acabó y los hermanos comenzaron a comer de los entremeses que habían sido preparados con cariño de parte de la familia que nos recibía. Mientras todos comían, yo estaba parado afuera, en el mismo lugar, con la mano en mi bolsillo apretándolos veinte dólares preguntándome si lo hacia o no. Hasta que de determiné en hacerlo. Y comencé a caminar hacia el hermano poco a poco. Me había tomado en serio el hecho de que tengo una condición en mis huesos, así que comencé a caminar como si me dolieron las piernas y la espalda. Amado yo quería que Dios me hablara y me dijera que no lo tenia que hacer o que me sucediera como a Abraham. Que un ángel descendiera y me dijera gritando dramáticamente: "*¡Michael no lo hagas! ¡Ya Dios vio tu corazón!*" Pero no... Nunca llegó, sino que yo llegue de frente al hermano con una sonrisa falsa, con una lucha interna, pero deseoso de hacer la Voluntad del que me había bendecido. Extendiendo mi mano le dije: "*Sentí de parte de Dios entregarte esto*". Y con dolor solté lo único que tenía. Quizás usted lea esto y diga que soy dramático porque solo eran veinte dólares, pero era lo UNICO que yo tenía. Lo que en mis manos era poca cosa, para Dios era la semilla necesario para germinar el milagro que yo necesitaba.

Cerca de un mes después, luego de terminar de predicar dos noches en una campaña, un cierto hombre tocado por Dios me llevó a comprarme un carro. Tan pronto yo le entregué a Dios lo mío, Él me entregó lo suyo.

Dios nunca te pedirá desde tu comodidad, sino desde tu incomodidad. El rey David dijo a Arauna: "*...No ofreceré al Señor mi Dios holocausto que no me cueste nada*" (2 Samuel 24:24). Dios siempre pide lo que cuesta, pues es en la entrega de lo costoso que la pasión es revelada. Él le pide a Abraham su primogénito. Y Dios como Padre entrega a

Su único hijo. Él sabe lo que es dar y que le cueste. Entonces, Dios nos pide *una ofrenda, una acción, o un sí*, y le reclamamos como si Él no nos fuera a recompensar. Te aseguro que si le entregas, sin esperar nada a cambio, Él te devolverá lo que con tu semilla no podías adquirir.

2 Reyes 4 también relata la historia de una mujer de Sunem que, preparando un aposento para el profeta Eliseo recibió en su hogar. Ella era una mujer de la alta sociedad, importante y adinerada. Anteriormente había bendecido al profeta con alimento, pero ahora hay sobre ella una carga de hacer más por el hombre de Dios. Sin darse cuenta, estaba arando el espacio para un milagro. Ella estaba sembrando en su propio milagro y no lo sabía.

"Toda semilla sembrada en el Cielo es cosechada en la Tierra"

El milagro de esta mujer es interesante, ya que no fue instantáneo. El profeta, luego de quedarse en el aposento, le declara a ella:

- *"Para este tiempo el próximo año abrazarás un hijo"*

Ella no iba a cargar la criatura en su vientre por doce meses. Sería absurdo, pero sí estaría sujeta a un cambio de temporadas. Un cambio de ciclos. En un ano esta mujer ya tenía en sus manos el cumplimiento de la fidelidad de Dios.

Cambio De Temporadas

El año está compuesto de cuatro temporadas de tres

52

meses: *Primavera, Verano, Otoño* e *Invierno.* Cada una de estas temporadas es importante para la siguiente. Una quita y mata para que la otra añada y haga nacer. Para muchos es fácil ver con agrado las temporadas de la primavera y el verano, pues son precisamente aquellas donde se conoce el colorido y aroma de las nuevas flores. La temperatura es cálida y cómoda. Sin embargo, en el otoño y el invierno, se conoce el frio, el encierro y la muerte de la vegetación y sus flores. A pesar que no se ve el colorido en los arboles, estas temporadas de frio revelan cuan fuerte está el árbol, porque aunque ya no tiene fruto ni hojas, sus raíces han profundizado lo suficiente como para sostenerse de pie cuando todo se pierde.

La Voluntad de Dios nos revela cómo el cambio de temporada nos prepara para abrazar el *"hijo"* que se estuvo *gestando* en las temporadas anteriores. Nos muestra cual es el propósito de las lagrimas derramadas en la soledad y cómo ellas fueron las gotas que se necesitaron para regar y humedecer el terreno donde la semilla se había sembrado.

Fíjese de la forma en la que trabaja Dios. Con unos se tarda y con otros se acelera. A unos se les revela el milagro al instante, mientras que a otros con el paso del tiempo. Unos lo reciben en horas, pero otros en años. Él no está atado a un reloj cronológico, por lo que para Él *"un día puede ser como mil años y mil años como un día."* Lo importante es que a TODOS les responde.

Al profeta Jeremías en el capitulo uno de su libro se le revela la Voluntad en una visión sencilla. Dios le preguntó al profeta: *"¿Qué ves?"* Su respuesta es *"una vara de almendro*". Dios le respondió: "*Bien has visto porque Yo apresuro a visión*". Es tan deprisa lo que Dios está por hacer, que Dios le advierte a que se aliste porque lo que hará será pronto.

Amado debes arrebatar esta palabra ahora mismo. Lo que Dios esta por hacer en tu vida es YA. No te dará tiempo para mover o quitar, porque Dios trae a tu vida HOY lo que en el pasado te habló. Quizás esperas noticias del medico diciéndote que la enfermedad desapareció. ¡Recíbelo YA! Quizás oras por una casa propia y no te la aprueban por tu crédito. ¡Recíbelo YA! A lo mejor llevas años luchando por tu estado migratorio y parece que los papeles se perdieron. El milagro no viene mañana. ¡RECIBELO AHORA! Has las llamadas necesarias en fe creyendo que Dios YA LO HIZO. ¡Hoy es el día de tu milagro! Profetizo sobre tu vida GRACIA y FAVOR.

La *flor del almendro* anunciaba un cambio de temporadas. Declaraba que el invierno ya había pasado y que venía la primavera. Recuperaras todo lo que en el invierno se te fue quitado. Se que parece un cliché, pero *Dios nunca te quitará mucho para entregarte poco.*

CAPÍTULO CINCO
RESISTENCIA

"si el espíritu del príncipe se exaltare contra ti, no dejes tu lugar."

-Eclesiastés 10:4

Cuando los historiadores hablan acerca de los grandes conquistadores de la historia, uno de los nombres mas reconocidos es el de Napoleón Bonaparte. Un hombre sin una apariencia intimidante, ni de gran altura; pues no era muy corpulento, sino que era bajo en estatura. Lo interesante de Napoleón no era la estatura de su cuerpo, sino la altura de su mentalidad. Era un hombre decidido. Era tal la convicción que tenia, que nunca preparó a su ejercito para abandonar ninguna batalla. Su pensamiento era la victoria, por lo que impartía en sus hombres lo mismo. Seguridad y convicción. Sin embargo, a historia lo presenta en un momento en su carrera frente a un ejercito enemigo que le duplica en cantidad y fuerza, y Napoleón a la distancia lo único que puede hacer es observar como sus hombres están cayendo muertos en el campo de batalla a filo de espada y disparos. El hombre que pensó que ganaría

55

todos sus enfrentamientos se ve perdiendo. Quien nunca había considerado la derrota, ahora solo piensa en huir.

Preocupado por la cantidad de hombres que ve muriendo en el campo, Napoleón mandó llamar al trompetista de su ejercito. Este joven, flacucho llega atemorizado delante de la presencia del conquistador para escucharle hacer su ultima petición. Bonaparte, tomando al joven por la mano, le hace observar al campo y crear conciencia de la cantidad de hombres que están muriendo.

- *"No hay manera en que ganemos. La única forma de sobrevivir es huyendo."* Decía Napoleón. *"Necesito que tomes tu trompeta y toques la música de retroceso."*

El pobre joven soldado con sus manos temblorosas y con su voz entrecortada le dirige la palabra a su Comandante y le dice:

- *"Se... Se... Señor... Con todo el respeto que usted se merece. Entendiendo que usted es un hombre decidido y determinado y conociendo su forma de enfrentar cada batalla... Siempre nos dijo que ganaríamos y lo único que nos ensenó fue hacer frente a nuestros enemigos y ganar. No me conozco la música de retroceso porque nunca me la enseñaste."*

Napoleón volvió a mirar al campo para darse cuenta de cuan poco tiempo le quedaba para huir y le responde al joven:

- *"Necesitamos dejarle saber a nuestros hombres que hay que retroceder y huir. Pues toma tu trompeta y toca lo que tu sabes tocar".*

Lo único que aquél joven trompetista conocía tocar era aquella música y melodía que le habían enseñado años atrás cuando se había enlistado en el ejército. No era la música que indicaba que era el momento de retroceder, sino aquella que demostraba todo lo contrario. Era la melodía de avance. El muchacho, aún con sus manos y dedos temblorosos, tomando la trompeta comenzó a entonar aquella música que se le había compartido.

La intención de aquella melodía era crearle conciencia a los soldados de su realidad presente. Estaban perdiendo y necesitaban retroceder y huir para salvar sus vidas. Pero cuando los hombres comenzaron a escuchar la música, empezaron a confundirse, ya que conocían lo que significaba. Ellos sabían que estaban perdiendo pero comenzaron a decirse entre ellos:

- *"Escucha esa melodía. Es la música de avance. ¡Estamos perdiendo la batalla, pero Napoleón piensa que la podemos ganar!"*

Por lo que ellos, armándose de valor comenzaron a caminar con pie fuerte y firme hacia delante. Con valentía y determinación empezaron a luchar con sus enemigos. Y esa batalla, que os historiadores dicen que era imposible a que Napoleón ganara, se convirtió en una de las mayores victorias de su vida. No retrocedieron, sino que AVANZARON.

La carta a los Hebreos 12:39 establece que: *"Nosotros no somos de los que retroceden... sino de los que tienen fe"*. Cuando Dios te diseñó y formó, no te entregó códigos de retroceso, sino de confianza y resistencia. Él te creo para que te mantuvieras firme en el lugar donde Él te plantó. Y donde sea que Él te establece te hace crecer y multiplicar.

Te das cuenta cuando hay alguien plantado por Dios en algún lugar, porque se cumple lo que el Salmo 1:3 declara: *"Será como árbol plantado... y todo lo que hace prosperará"*. Hay una ley y principio de siembra que establece que todo lo que es sembrado en un buen lugar crece, y debes creer que Dios a ti te sembró en el mejor de los lugares.

Antes de que Dios te colocara en el lugar en que estas, Él se encargó de que el escenario cumpliera con tus medidas exactas. Se que ya hablamos del Molde de Dios, pero debes entender que donde hoy estas fue moldeado exactamente para que tu lo ocuparas. Tiene tus medidas especificas con la intención de que nadie mas lo deba ocupar. Esto nos llena de una gran satisfacción, pues nos hace entender que entre tantos candidatos, Dios se decidió por nosotros. ¡Aleluya! No porque tu seas bueno, ni porque cumplas con ciertas cualidades humanas, sino porque la gracia de Dios te coloca donde tus habilidades fracasan en colocarte.

No estas donde estas porque eres bueno, ni porque eres dotado y mucho menos porque hayas sido el favorito, sino porque la Gracia de Dios fue tan fuerte sobre tu vida, que en tu imperfección, la perfección del Perfecto se te manifestó.

Tome por ejemplo la vida de los doce discípulos de Jesús. Una docena de hombres completamente diferentes. *Andrés, Bartolomé, Santiago, Santiago hijo de Alfeo, Juan, Judas Iscariote, Judas Tadeo, Mateo, Pedro, Felipe Tomas, y Simón el Zelote.* ¿Espirituales? De ninguna manera. ¿Escogidos por Dios? Afirmativo. Observe por un momento el perfil de esta gente: Unos Pescadores; otro un recaudador de impuestos; uno incrédulo; oro de temperamento agresivo y otro ladrón y engañador. Te aseguro que si estos doce hombres formaran pare de nuestros círculos cristianos hoy día, JAMAS serian considerados para alguna posición de trabajo… Pero, ¿sabes qué? El Maestro los escogió, así mismo como hizo contigo. Los apartó para Él y los plantó como columnas de la Su Iglesia. Por tres años y medio los trabajo y moldeó a Su gusto para entonces exhibirlos como apóstoles con manifestaciones extraordinarias. Te aseguro que Jesús pudo haber encontrado otros hombres con mejores calidades y estilos de vida, pero estaba decidido por ellos.

Ahora bien, cuando la Voluntad de Dios se nos revela, nos presenta los escenarios en los que funcionaremos. Entienda amado, que Dios no se mueve a nuestro favor por nuestras buenas ideas o intenciones, sino por la obediencia que reflejemos. El problema que tiene Uza en 2 Samuel 6, es que ve el arca del pacto a punto de caer, y su *buena intención* le susurra en un oído, diciéndole: "*Si pongo mi mano y aguanto el arca no se cae*". Pero por el otro lado la *obediencia* a la Voluntad de Dios le susurra por el otro oído: "*Ninguno que no sea levita o sacerdote puede tocar*

59

el arca". Entonces, ¿qué hacemos, nos dejamos guiar por nuestras buenas ideas y sugerencias, o nos sentamos sobre la obediencia de la Voluntad de Dios? Creo que no debiste tardar en responder que obedecerás al Eterno.

En los asuntos ministeriales debemos tener el cuidado y la atención de quienes serán las personas que posiciones. ¿Los colocamos en posiciones de honra porque cumplan con ciertas cualidades o habilidades, o lo hacemos porque tenemos la convicción de que han sido aprobado por el Dios que los llamó? ¿Será que estamos tan desesperados por ocupar una vacante que, al primero que levante la mano con una sugerencia lo posicionaremos, o esperaremos escuchar la Voluntad de Dios para cada posición disponible? Oh amado, yo pido al Eterno que haga arder en nuestros corazones Su dirección para establecer posiciones y líderes aprobados. Digo mas, aún cuando seamos nosotros mismo considerados para ocupar ciertas responsabilidades, que tengamos la seriedad y el carácter para reconocer cuando Dios nos mueve y establece o cuando es la mano del hombre la que lo desea hacer. Cuando sea Dios el que nos quiera promover, aceptaremos con temor entendiendo que es un privilegio y una gran responsabilidad.

Si de algo debemos ocuparnos luego, es en mantenernos cuando Dios nos establezca. Vuelvo y repito, Él nos colocará donde nos necesita y absolutamente NADIE podrá tener la capacidad de removernos del lugar de donde el Eterno nos estableció.

Toda POSICION trae consigo OPOSICION. Hay un cierto peso de resistencia que se nos es revelado cada vez que nuestros pies pisan el lugar de propósito. Siempre habrá un Faraón que desafiará a un Moisés. Siempre habrán murallas en Jericó delante de Josué. Siempre habrán filisteos que se enfrentarán a Sansón. Y siempre habrán Tobías y Sanbalat que desafíen a un Nehemías. Y sabes qué? Dios NO los quitará. A veces nuestra oración al Padre en momentos de amenaza es que Él quite a aquellos que se nos resisten, pero Dios NUNCA quitará al antagonista de tu historia, pues ayuda a formarte y a darte determinación. ¡Así como lo lees! Mi abuelo Wilfredo de Jesús, pastor por mas de cincuenta años siempre decía:

- *"Las criticas y amenazas de lo que te rodean, son como los ladridos de un perro en la noche que te impiden cerrar los ojos y descuidarte. Ellos siempre te mantienen alerta."*

Que verdad tan contundente. Si no tuvieras la oposición que tienes hoy, quizás no honrarías la posición que tienes hoy.

El propósito de toda oposición es crear el espacio para la confirmación. Dios nunca deja en vergüenza a quienes Él ha llamado y enviado. Delante de Faraón siempre caerán las plagas. Los murallas de Jericó siempre caerán. Los filisteos siempre serán eliminados con una quijada de asno. Y delante de Sanbalat y Tobías serán edificados los muros.

Seco o Vomitado

La amenaza siempre será HUYE. Así lo comenzamos a vivir nosotros... Teníamos toda la certeza de que Dios nos había hablado, pero ¿qué hacer cuando hiciste todo lo que podías y nada cambia? ¿Qué haces cuando todo lo que ves es contrario a lo que se te dijo? ¿Sabes que hacemos? Corremos. O por lo menos es el pensamiento que a todos nos llega, y que a algunos derrota. La desesperación y la frustración son una combinación mortal que matan el corazón de los débiles, y yo me estaba debilitando.

Mi fe de momento tambaleaba y se estremecía porque los recursos ya no estaban, las puertas no estaban abiertas y no teníamos mas que unas maletas llenas de ropa. Si había algo que me despedazaba el corazón era encontrar a Gene quebrantada en llano por lo fuerte del proceso. Ella no tiene familia fuera de Puerto Rico, solo a mi, y yo me sentía que la carga me ahogaba. E sentía que tenia mis manos atadas y por mas que gritara o reclamara Dios no contestaba.

Cierto domingo de madrugada me encontraba navegando en el internet. No, no estaba leyendo, ni viendo videos espirituales. Me encontraba peleando con Dios y buscando pasajes. ¡Sí! Era tan fuerte la desesperación que lo único que podía verbalizar era:

- *"Me largo Ya no quiero estar aquí No aguanto. No resisto. ¡Ya no puedo mas!"*

-

La frustración se apoderó de mi de tal forma en que se me olvidaron los salmos, las cartas paulinas y los proverbios. Estaba molesto y me quería largar. Le decía al Señor:

- *"Esto no fue lo que tu me prometiste. No veo nada de lo que me dijiste. ¿Donde está tu provisión y prosperidad? ¿Dónde están las puertas abiertas de las que me hablaste? Si vas a hacer algo conmigo... ENCUENTRAME DE CAMINO..."*

Oh amado, yo te aseguro que cuando la prueba te ahoga, la humanidad se brota y reclama, lucha y pelea con Dios. El salmista declaró en el Salmo 40 que, *"esperó pacientemente"*, pero luego dice que Dios lo sacó del *"pozo de la desesperación"*. Mientras esperaba con paciencia, el tiempo de espera lo desesperó a tal punto que comenzó a hundirlo.

Ahora bien, si no manejamos las frustraciones correctamente, nuestra respuesta será huir y correr hasta que choquemos con algo o alguien. Unos terminan apartados, otros caen en pecados y algunos enfermos. Si vas a correr, corre hacia el Señor, Él te socorrerá. Elías bajo frustración corrió cuando escuchó amenazas, pero no corrió a cualquier lugar, sino al Monte de Dios. Jonás por el oro lado huyó en la dirección contraria. El problema de los Jonás de la vida es que, intentando huir Dios se les revela en el camino a través de un pez y en vez de llegar secos a su destino, llegan vomitados. De hecho, si él hubiera obedecido desde el principio y se hubiera dirigido a Nínive en vez de a Tarsis, hubiera tardado aproximadamente una semana y media, pero como intentó huir, en tres días el pez lo arrojó a la orilla de su destino. Y ese iba a ser yo.

Cuando la madrugada pasó y llegó la mañana del domingo, comencé a alistarme para el servicio con la siguiente mentalidad:

- *"Yo no voy a adorar a Dios para que Él sepa que yo estoy molesto."*

Ahora que lo pienso bien, parecía un niño ñoño porque papi no le dio lo que quería. Llegué al servicio cabizbajo y con mis brazos caídos. Sinceramente sentía que no podía con lo que estaba viviendo. Cuando los canticos y las alabanzas comenzaron yo no me quería poner de pie. No quería adorar a Dios, y de pronto lo sentí. Él estaba en el servicio y no lo pude resistir. Su presencia inundó el templo. Me puse de pie y comencé a adorarle y mientras lo hacia lo único que mis labios y mi corazón le podían decir era:

- *"Me rindo a ti. Me rindo a Tu Voluntad. Ya no te peleo. Hágase Tu Voluntad".*

Fue como si derramaran sobre mi un bálsamo de fuerzas nuevas, de fe y seguridad. Desde el principio yo supe que Dios estaba en el asunto, pero ahora lo podía sentir con mas seguridad.

Cuando aprendemos a aceptar la Voluntad de Dios se nos son revelados los beneficios eternos. Aprendí que cuando suelto lo mío, Dios suelta lo suyo. Hay cosas que Dios todavía no le ha podido entregar a muchos que le están pidiendo porque ellos todavía no le han entregado lo que Él les está pidiendo.

En tu posición de obediencia recibirás la recompensa de tu Padre.

Si la insistencia del enemigo es a que retrocedamos, es porque algo debe saber o algo escuchó que Dios habló, que él mismo considera como una amenaza. Tengo un amigo ministro que testifica cómo su mare le confesó que intentó abortarlo en varias ocasiones en el embarazo. El no lo expresa con dolor ni pena, sino con regocijo, pues dice:

- *"Algo vio el infierno en mi cuando estuve en el vientre de mi madre para tratara de impedir mi nacimiento tantas veces"*.

Amado, ALGO vieron en ti. Vieron el sello de Dios. Vieron la Palabra de Dios. Vieron la Voluntad de Dios manifestada sobre tu vida Si te hacen resistencia, RESISTELES tú. Hazle frente y mantente firme en el lugar donde fuiste plantado.

HAGASE TU VOLUNTAD

CAPÍTULO SEIS
PRESERVACION

"Vosotros pensasteis mal contra mii, mas Dios lo encaminó a bien..."

-Génesis 50:20

Aquel hombre que Dios había usado para bendecir mi vida con un carro, aun estaba tan tocado por el Señor que, deseando conversar un poco más y queriendo que yo conociera su familia y orara por ellos, me invitó a su casa a compartir con él y su esposa.

Recuerdo que cuando llegué a aquella mansión, pues era enorme, mi boca no se podía contener cerrada por lo asombrado que yo estaba. Era una cosa increíble. Yo nunca había estado en un lugar tan lujoso y hermoso como aquella casa valorada en cerca de siete millones de dólares. Cada detalle en aquella casa hablaba de lujos, dinero e inversión. Contenía piezas de colección de diferentes partes del mundo. Había un candelabro enorme que descendía del techo midiendo cerca de ocho metros de largo y llegaba justo al borde de la mesa del comedor. Cada pared tenía una pantalla táctil con la que controlaba las ventanas, las luces, las puertas, la música y todos los seguros de la casa.

Me mostró sus carros de lujo valorados cada uno en más de un cuarto de millón de dólares En la parte mas baja de la casa tenía un cine familiar. Lo mas impresionante era el techo de aquella casa, preparado incluso para el aterrizaje de un helicóptero.

Yo intentaba mantener mi boca cerrada, pero volvía y se me abría por lo impresionado que yo estaba. Luego de mostrarme todo lo que había en su hogar, se sentó en la sala conmigo. Me miró seriamente y con sus ojos llenos de lágrimas:

- *"Las cosas no siempre fueron así..."*

Lo pronunció con un tono de voz casi quebrantado por la emoción y la nostalgia que brotaba sin poderla contener. Continuó diciendo:

- *"No tuve dinero toda la vida. No he vivido siempre aquí. No he tenido lujos durante toda mi vida. Yo no tuve estudios, ni tampoco vine de una familia adinerada. Con 2 hijos y mi esposa, dormía en un colchón en el suelo. La casa era pequeña y con techo de zinc, y cada vez que llovía, el agua entraba por el techo y nos mojaba. Por un largo tiempo vivimos de esta manera, hasta que entró en mi el deseo por superarme. Me di cuenta que esa no era la vida que yo le quería dar a los míos. Yo solo había logrado estudiar hasta cuarto grado. Nunca me gradué de la escuela, pero deseaba la superación. Estudié, me gradué de escuela superior a través de exámenes libres y luego entré en la universidad para estudiar ingeniería. Me convertí en un profesional e hice mi propia empresa. Logré hacer contratos con agencias gubernamentales. Construimos casas, edificios, oficinas, represas y tantas cosas más."*

Me lo decía con tanto entusiasmo, pero con humildad a la ves. Mientras el aun hablaba yo recordaba que en su oficina había visto cómo él aún conservaba sus cuadernos grandes de la escuela, como si fuesen algún tipo de recordatorio de su superación y un aguijón de humildad.

Su empresa comenzó a crecer de tal forma que su familia salió de la pobreza, proveyó empleos para cientos de personas, viajó el mundo, pero lo más impresionante, es que siempre fue cristiano y fiel al Señor. Sabía lo que era venir desde abajo, de la nada y de ver también a otros luchar, por lo que no solo se disfrutó su dinero para sí, sino que viaja el mundo visitando congregaciones, familias, pastores, pueblos y aldeas construyendo casas, pozos de agua, aportando y bendiciendo a las personas. En agradecimiento a Dios honra y bendice a otros.

Este hombre fue procesado para convertirse en un facilitador de la bendición de Dios para la vida de muchos. Conoció de frente la necesidad y la desesperación, pero también el favor y la gracia de Dios derramaba como un bálsamo sobre su vida. Entendió que fue la gracia de Dios que le alcanzó, por lo que no podía quedarse de manos cruzadas ni hacerse el ciego o sordo ante la necesidad ajena. Si en sus manos tenía los recursos para sembrar, sin pensarlo bendecía a cualquier magnitud.

Al sentarnos a mirar la Voluntad de Dios, nos daremos cuenta que hay personas que Dios les permite entrar en tiempos específicos, escenarios específicos y con la gente específica, con el simple objetivo de bendecirles a ellos, pero también bendecir a otros mas adelante en su historia. Les permite vivir momentos difíciles; no para matarlos, sino convertirlos en el testimonio vivo que restaurará, vivificará y alentará a otros en situaciones semejantes.

Me bendice saber que lo que hoy llamo PRUEBA, mañana llamaré TESTIMONIO. Lo que ayer parecía matarme, hoy me tiene de pie.

PRESERVADOS

José es un vivo testimonio de la preservación de Dios con su vida. Toda su vida revela el poder del plan perfecto de Dios manifestado en aquellos que le aman. En mi libro anterior En Los Zapatos Del Evangelista hablé brevemente de unas tres razones por las que José no murió de mano de sus hermanos. Permíteme recapitular y añadir algo de frescura que sé que te bendecirán.

Por encima de todo lo que fue el plan de muerte que su familia preparó, estaba el boceto de vida que ya de ante mano Dios había preparado. Ellos dijeron muerte, pero Dios dijo vida. Ellos dijeron encarcelamiento, pero Dios dijo libertad. Su plan estaba envuelto completamente en la destrucción del sueño de José. Lees sus palabras y dicen:

"*Y veremos que será de sus sueños*" (Génesis 37:20b). No estaban enfocados en su *vida*, sino en su *sueño*, y a causa de ello es amenazado a muerte. El sueño es tan fuerte que despierta la envidia de quienes le rodean, por lo que dicen: "*Hay que matarlo*".

-   La Primera Razón: Rubén
    José no muere de mano de sus hermanos porque su hermano Rubén los escucha conspirar y planificar detalladamente la manera en que le privarían de su vida y decide detenerlos. Él es el mayor en la casa y quien representa la voz de autoridad.

Dios siempre interviene en el momento exacto y preciso para guardar el depósito que nos entregó. Dios ve la aflicción de José y recuerda el destino profético que le entregó. El destino no es morir en manos de sus hermanos, sino presentar vida en sus manos para sus hermanos. La voz de Dios, como autoridad suprema detiene el plan de muerte, y presenta el plan de preservación. No es sencillamente porque Rubén habla que los hermanos se detienen, es que Dios fue la voz que dijo: "*DETENTE*".

¿Sabes la cantidad de veces que han llegado situaciones a tu vida para matar tu casa, matrimonio, ministerio, empresa y vida espiritual? Y sin darte cuenta Dios dijo "*DETENTE*". Detuvo la estrategia de las tinieblas, o mas bien, le dio un giro para favorecerte y bendecirte.

La reacción de Rubén ante la amenaza de sus

hermanos es la misma de Dios cada vez que el infierno promete acabar con tu vida. Dios interrumpe sus planes y declara vida y en abundancia. Él se para de frente a tus adversarios para detener los dardos lanzados contra tu vida. Hoy debes entender que no morirás en el lugar que Dios dijo que vivirás. Tu proceso no será el lugar de tu entierro. Dios está por presentarse en tu vida como escudo alrededor de ti.

- La Segunda Razón: La Cisterna
  Como los hermanos de José no lo pueden matar a causa de la orden que dio su hermano mayor, ellos buscan un plan B. *"Como no lo podemos matar, entonces lo podemos encerrar"*. Como tu enemigo no puede matarte, a causa de la protección de Dios en tu vida, lo segundo que intenta hacer es encerrarte, paralizarte y estancarte.

Ellos miran, y logran encontrar una cisterna, y el texto dice que estaba *"vacía"* (Génesis 37:24). Dios, en Su omnisciencia conocía y vio el lugar exacto en el que los hermanos de José lo lanzarían. Lo pudieron haber encerrado en algún lugar de Siquem donde él los estuvo buscando, pero no, en Dotán los encontró y allí fue el lugar donde lo encerraron. Esto presenta dos puntos clave que nos permiten conocer un poco más acerca del plan y diseño de Dios. La cisterna y Dotán.

Se supone que la cisterna estuviera llena de agua. El diseño que se le da a una cisterna es precisamente para la *preservación*. Ella es preparada para guardar la cantidad necesaria de agua de lluvia, río o manantial. Se le prepara el fondo, sus paredes y la tapa para que no se pierda ni una gota del contenido preciado que encierra dentro de sí. Pero la cisterna está vacía. Tal parecería que ella no estaba cumpliendo con el propósito de su diseño, pero cuando vuelves a mirarla, te das cuenta que si la cisterna estaba llena, ahogaban a José dentro de ella, pero al estar vacía cumple su diseño de preservación, preservando la vida de José dentro sí misma. Dios se sentó, miró sobre el valle y dijo; *"Este año la cisterna no preservará agua, sino vida."* Posiblemente los dueños de ella habrán pensado que perdieron su tiempo preparándola o pagando para hacerla, pero no sabían que Dios la había reservado. Le había hecho un *"Lay away"* para que en el momento indicado ella guardara completamente a un joven soñador.

El lugar que los hermanos escogieron para MATARLO ya Dios lo había separado y diseñado para PRESERVARLO. En vez de ser su sepultura, se convirtió en su refugio. Amado, el lugar donde esperaban verte morir, será el lugar donde te verán resurgir. Serás guardado en completa paz en presencia de tus enemigos.

"Lo que tu enemigo escogió para matarte será precisamente lo que Dios utilizará para preservarte."

- La Tercera Razón: Dotán
  Cuando Jacob envió a José a que buscara a sus hermanos, específicamente le detalla el lugar en el que debían estar, Sunem. Se supone los hermanos de José estuvieran en aquel lugar, pero

estaban entonces en Dotán. Dotán formaba parte del camino de mercadería. Esta era la región donde se compraba, se vendía y se negociaba. Dios permite que los hermanos de José se muevan de Siquem a Dotán con el único propósito de estar en el lugar correcto en el momento correcto. Si ellos no hubieran estado donde José los encontró, él nunca hubiera sido vendido como esclavo, sino que posiblemente habría sido asesinado como planificaron al principio.

Que poderoso ver cómo Dios interrumpe nuestro tiempo en el momento exacto y preciso para llevarnos a los escenarios correctos. Recuerdo la cantidad de veces que estaba en un lugar donde no pensaba estar o llegar y de pronto me ocurrió algo para bien y reconozco que si no hubiera estado no me hubiera sucedido. Así sucede en Dios, Él nos abre las puertas en los momentos indicados para presentarnos lo correcto y exacto. Entiendo y tengo como pensamiento personal, que, si Dios ayer un hubiera cerrado ciertas puertas, hoy muchas de las que tenemos abiertas no lo estarían, y ¿porqué las tenemos entonces? Porque Dios llegó y nos llevó en el tiempo correcto al lugar correcto.

- La Cuarta Razón: Los Ismaelitas
  Al estar en el camino de mercadería en Dotán, los hermanos de José se percatan de unos ismaelitas con los cuales podían hacer negocios. La mentalidad de los hermanos de José para este

momento es: "*Como no lo pudimos matar y la cisterna lo preservó con vida, vendámoslo y hagamos dinero de él.*" La idea de vender al soñador a los ismaelitas no solo pareció ser bueno para los hermanos de José, sino también para Dios. Esta compañía de ismaelitas se convertiría en el vehículo de transportación que llevaría a José a su destino profético.

Ismael había sido preservado para este momento específico. Al sentarme a mirar hacia atrás en su historia encuentro que Abraham, intentando ayudar a Dios, escucha las palabras y el consejo equivocado de Sara, acostándose con Agar la sierva. Ella le da el hijo que él necesitaba, pero no el que Dios deseaba. Todo esto abrió el espacio para que Dios obrara en el futuro de alguien más. Ismael, sin saberlo, era una pieza clave en la preservación de José.

Me parece interesante como aún nuestros errores, puestos en las manos de Dios pueden ser tornados en bendición. Situaciones en las que no actuamos ni decidimos de la mejor forma y aún así Dios decidió favorecernos y tornarlo todo a nuestro favor. Le dio un giro de unos ciento ochenta grados a lo que hicimos, hablamos o decidimos y nos re direccionó a Su Voluntad.

A causa de que Sara ya no soportaba la presencia de Ismael en la casa, ella presionó a Abraham a que lo desalojara a él y a Agar su madre del hogar. Obedeciendo a Dios, y escuchando la petición de su esposa, el texto declara que Abraham los despide con ciertas provisiones. Un poco de agua y comida para el camino del desierto. Se supone que lo presentando como *provisión* les sirviera como *solución* a lo que enfrentaban.

Hay momentos en los que lo que tenemos en nuestras manos no parece ser suficiente para lo que vivimos. A diario nos sentamos a mirar nuestras cuentas bancarias en comparación con nuestras deudas mensuales, y la matemática no encaja. Nada parece ser, pero al final de mes, sin saber cómo, cuándo o dónde, lo poco se convirtió en mucho y las sobras se transformaron en abundancia.

El agua, que se supone que les sostuviera en el camino, se les agotó. ¿Qué haces cuando ya no sabes que más hacer? ¿Sabes lo que Agar hizo? Bajo desesperación decidió abandonar a Ismael. El pensamiento de ella es no querer ver a su hijo morir de sed, hambre o insolación, por lo que la única opción que parece tener es dejarlo. Cuando el niño se dio cuenta que su madre lo dejó, comenzó a gritar. Su grito fue tan significativo que Dios lo escuchó y esto me parece tan interesante. Recuerda, Ismael no era hijo de la promesa. Él no era el *"Isaac"* que Dios le prometió a Abraham, pero ¿Por qué Dios decide escucharlo y rescatarlo? Si Ismael se moría en el desierto como un niño, en el futuro no habría una compañía de ismaelitas que compraran a José en el desierto. Dios miró generaciones en el futuro y encontró a José escondido en una cisterna y la única opción de salida era ser vendido. Entonces Dios necesitaba preservar con vida a Ismael, pues en el mañana, él sería el vehículo de transportación que Dios usaría para colocar a José en la tierra correcta.

"Dios nunca dejará morir al que te librará a ti de la muerte."

Hay personas que Dios los ha preservado para ser los instrumentos de preservación en tu vida. Dios ha reservado a personas específicas para beneficiar tu vida. Serán de aquellos que cuando tu clames a Dios por un plato de comida, ellos llegarán tocando a la puerta de tu casa con provisiones. Serán los que sembrarán en tu ministerio. Invertirán en tu empresa. Apoyarán tu matrimonio, porque Dios los separó específicamente para ello.

El texto enseña algo más, y es que cuando Dios escuchó al niño llorando y gritando, el ángel descendió como respuesta, pero nunca se le presentó a él, sino a su madre que lo acababa de abandonar. La razón por la que el ángel se le revela a la mujer, es por la sencilla razón que ella necesita entender que, aunque ella abandonó a Ismael, Dios no. Hay algo más grande sobre la vida del muchacho y el diseño que Dios presento para su vida necesita verse manifiesto. Cuando se le presenta, la historia enseña que le destapó los ojos a la mujer y ella vio una fuente de agua. Ten en cuenta que están en un desierto y están sin recursos. Dios les presenta la provisión *"exagerada"* que necesitaban, no solo para el momento, sino también para sostenerse.

José no puede morir, no solo de mano de sus hermanos, tampoco de manos del enemigo, de su pasado, tampoco de su presente, ya que su futuro le espera. Todos ellos necesitan entrar al unísono y verse como parte del proceso y desarrollo de la Voluntad de Dios sobre José. Él no puede morir en ninguna de las circunstancias del pasado ya que Dios ha dado una orden a su destino.

Todas nuestras vidas forman este tipo de cadena, en la que Dios nos entrelaza el uno con el otro con el fin de beneficiarnos y bendecirnos a todos mutuamente. Él te usa para bendecirme y a mi para bendecirte a ti.

Mirando con este punto de perspectiva la vida de José, te darás cuenta que si él moría de mano de sus hermanos, ahogado en la cisterna o si los ismaelitas no lo compraban, Dios no hubiera prosperado la casa de Potifar en Egipto, los sueños del panadero y el copero no hubieran sido interpretados dentro de la cárcel, Faraón no hubiera escuchado hablar de José y su sueño tampoco hubiera sido descubierto. Al no interpretar el sueño del rey, nadie hubiese sabido que venían siete años de hambre sobre la tierra, no se hubieran preparado con provisiones y posiblemente la generación perecía de hambre, incluyendo la familia de Jacob que llegaron a la tierra buscando alimentos.

Dios tiene su forma peculiar de permitir situaciones en nuestras vidas con el fin preservarnos para otras etapas y escenarios. Él ha orquestado todo tan detalladamente, que los que forman parte de ese círculo son beneficiados de alguna forma. ¿No te has dado cuenta con lo que hoy llamas tu testimonio es el resultado de momentos difíciles que atravesaste y sobreviviste, y que ahora son de inspiración para otros? ¿Cómo los habrías entendido si no hubieras vivido lo que viviste? ¿Ahora entiendes el por qué de todo?

"Dios está mas interesado en que te enfoques en tu
DESTINO que en tu DESIERTO"

José logra entender este principio al final de sus días. Luego de que Jacob fallece, los hermanos de José tienen una sola preocupación, la venganza de su hermano contra ellos. *"¿Qué tal si José decide vengarse?"* Las experiencias de vida de José lo han llevado a crecer y madurar, al punto de poderles declarar: *"Vosotros pensasteis mal contra mí, más Dios lo encaminó a bien, para hacer lo que vemos hoy, para mantener en vida a mucho pueblo."* (Génesis 50:20). José puede comprender que Dios le ha preservado con vida con el propósito de preservar y salvar a otros.

Estás de pie para ayudar a levantar a otros. Sigues con vida para ayudar a vivir a otros. La enfermedad no te mató para que seas la inspiración de vida a muchos. El problema matrimonial no los rompió para restaurar otros matrimonios.

Eres la respuesta de Dios para las situaciones de dificultad que muchos pueden estar atravesando. *"Para mantener con vida"* a mucho pueblo Dios te ha mantenido con vida a ti.

Cuando entiendes que la Voluntad de Dios nunca traerá mal a tu vida, comenzarás a encontrarle sentido a cada episodio que vives a lo largo de tu vida.

Al reflexionar en todo lo que Gene y yo hemos vivido hasta aquí, solo puedo darle gracias a Dios porque entiendo que aunque Su Voluntad ha sido dolorosa, el fruto que hoy vemos es bueno y mucho mejor lo que esperábamos.

HAGASE TU VOLUNTAD

HAGASE TU VOLUNTAD

ULTIMAS PALABRAS
Hágase Tu Voluntad

"Enséñeme a hacer tu voluntad, porque tú eres mi Dios;
Bueno es tu Espíritu; guíame a tierra de rectitud."

-Salmo 143:10

Hoy tienes delante de ti el mayor desafío y la batalla más grande de tu vida. Tu Voluntad humana contra la Voluntad Divida. Deberás decidir si vivirás a tu manera, entendiendo que fracasarás y tropezarás por ti mismo; o aceptaras el plan de la voluntad de Dios, entendiendo que Dios es un experto en Su materia, que sabe lo que hace.

Aceptar la Voluntad es esencial para nuestro avance. No encuentro forma de que un ministerio, un matrimonio, un líder y mucho menos una iglesia alcancen su mayor potencial fuera del Plan de Dios. Se me hace difícil concebir la idea de un ministro lejos de la voluntad de Dios. Seria como tratar de conducir un auto sin aceite de motor o sin agua en el radiador. Correrá por unos segundos, pero luego se calentaría de tal forma en que su motor se quemaría.

Sí es difícil en ocasiones entender en nuestra humanidad el por qué de ciertas situaciones que se nos presentan, pero cuando podemos mirar con los ojos de la fe, veremos a Dios guiándonos a una mejor temporada.

Se que hemos hablado de David ya, pero cuando se encontró en medio de la mayor persecución de su vida, por parte de Saúl, este joven, decidido en hacer la Voluntad de Dios, obtuvo gracia y favor. Mientras que pensaba que podría morir de mano de hombres sanguinarios, entendía que el Dios que lo llamó en su juventud aún estaba de su lado.

En el Salmo 143 encontramos la humanidad de David brotar como preocupación en medio de su oración. Le está pidiendo al Eterno que observe sus tribulaciones existentes, que tenga misericordia de su vida, recuerde Sus promesas y lo libre de sus angustiadores, pero para el verso diez expresa lo siguiente:

- *"Enséñeme a hacer tu voluntad..."*

¡Qué declaración tan significativa para un hombre que se encuentra en medio de la mayor persecución de su vida! De una oración que sólo expresa quejas y preocupaciones, ahora le da un giro completo. Puede declarar: *"Permíteme ver lo que tu ves. Permíteme entender lo que Tu estas haciendo. Enséñame cómo se acepta Tu Voluntad"*. Creo que esta debería ser la oración que expresemos a nuestro Padre: *"Enséñanos"*. Es una oración de confianza en el Dios que ha sido fiel con nosotros hasta aquí.

El hecho de que oremos y confiemos en la Voluntad de Dios no significa que no nos llegarán situaciones que nos apretarán. Al contrario, creo que serán aumentadas las presiones de la vida, pues estas ayudan a que nuestra fe se aumente. Ahora bien, es necesario entender que sí no vamos a cansar; sí nos vamos a frustrar y seguro que nos sentiremos que morimos, pues solo somos humanos. Creo que como creyentes realistas, deberíamos quitarnos nuestras máscaras de falsa espiritualidad y mostrarnos como lo que somos de verdad, hijos frágiles. No creo en súper cristianos y mucho menos en una súper fe. Creo en que nos mostremos como somos y que la gente pueda ver nuestras cicatrices y nuestra vulnerabilidad, entendiendo que en nuestras imperfecciones, El Dios perfecto nos revela Su Gracia sustentadora.

Cuando somos claros y sinceros con la gente, les damos a ellos la esperanza de superación, dándoles a entender que al igual a ellos nos cansamos, agotamos y debilitamos, pero corriendo a la Fuente de Vida hallamos ser saciados. ¿Quién mas para mostrarnos su cansancio, ante lo que sería el mayor desafío de su vida que nuestro Salvador, Jesucristo?

La Lucha De Tu Vida

Lucas nos presenta uno de los escenarios mas angustiosos del ministerio de Jesús. Las luces se apagaron. La agenda se cerró. Los seguidores se fueron a casa y los discípulos se quedaron dormidos... Ahora solo queda Él en el Getsemaní hablando con su Padre. Es tanta la angustia y tanto el dolor el que le aprieta, que sus gotas de sudor son de sangre. Su capilares revientan, su corazón se acelera y sus manos tiemblan, ante lo que será la mayor lucha de su vida. Su humanidad contra la Voluntad de Dios. Su carne y humanidad le hace ser consiente de lo que está por experimentar: latigazos, escupitajos, apedreadas, insultos, y los clavos en una cruz. Es su humanidad la que le está dando mas peso a la realidad que está por experimentar, pero su espíritu y Divinidad le hacen saber la recompensa eterna: Salvación, Redención, Perdón de Pecados y la Reconciliación con el Padre Celestial. El dolor sería momentáneo, pero el gozo sería eterno.

Jesús no nos esconde Su humanidad pues desea que entendamos su vulnerabilidad como hombre. Como Dios, hubiera sido tan fácil y sencillo vencer la muerte, el pecado y la carnalidad, pero deseaba mostrarnos que como hombre también se puede vencer.

Entonces, hoy deberás tomar una de las decisiones mas importantes de tu vida: Caminas tras tu voluntad humana o aceptas el desafío de La Voluntad de Dios.

Te aseguro que Dios nunca te fallará y jamás te defraudará. Él es tu recompensa eterna.

HAGASE TU VOLUNTAD

ACERCA DEL AUTOR

El Evangelista Michael Santiago comenzó en el ministerio a sus 17 años y actualmente continúa anunciando a Jesucristo predicando escribiendo. Con complicaciones de salud y con un mensaje desafiante, ha impactado la vida de miles. Sobre 10 años sirviéndole al Señor vive cada día enfocado en su asignación en la tierra. Vve felizmente caso con su esposa Genesis en el Estado de Georgia. Viven dedicados al ministerio a tiempo completo. Michael se encuentra trabajando en otros proyectos de literatura que de cierto bendecirán la vida de muchos. Es un joven emprendedor con una línea de camisetas, gorras y tazas que declaran *"Es Una Actitud De Fe"*.

Es autor de los libros:

En Los Zapatos Del Evangelista -*Experiencias & Anecdotas Ministeriales-*

Toma Tu Lecho & Anda –*Es Una Acitud De Fe-*

Puedes encontrar más acerca de Michael Santiago en sus redes sociales; Facebook, Instagram y YouTube. Búscalo y síguelo. De seguro serás bendecido con el contenido que encuentres.

Para invitaciones:

michaelsantiagoministries@gmail.com

HAGASE TU VOLUNTAD

Toma Tu Lecho & Anda

"Es Una Actitud De Fe"

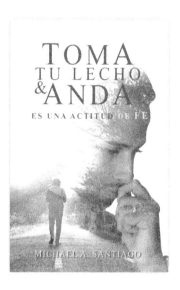

Tu milagro es posible. Así como lo lees. Dios hará absolutamente todo lo que dijo y tus ojos lo verán. Desde la eternidad hablaron de tu milagro, pues ya tiene fecha de cumplimiento y tu enfermedad tiene fecha de caducidad.

Solo tienes que CREERLO.

En Los Zapatos Del Evangelista

"Experiencias & Anécdotas Ministeriales"

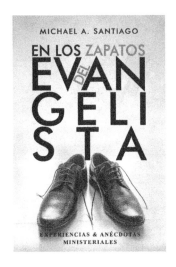

Todos tenemos un diseño, un llamado y un destino.
Seremos procesados de acuerdo al depósito que se nos
entregó. Cada desierto, prueba y dificultad tiene el
propósito de encaminarnos y capacitarnos para la tarea que
se nos encomendó. En este libro encontrarás las
experiencias vividas por el evangelista Michael Santiago a
lo largo de 10 años ministeriales.

Made in the USA
Monee, IL
13 July 2021